FOR2

FOR pleasure   FOR life

1頭大象、2本旅行筆記、4個城市、6個展覽－Popil的反芻創作

印度行李箱
India Suitcase

繪著：糖果貓貓 / Popil

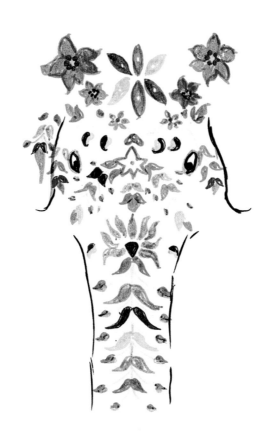

FOR2 022

印度行李箱
India Suitcase

1 頭大象、2 本旅行筆記、4 個城市、6 個展覽──Popil 的反芻創作

作者：糖果貓貓
責任編輯：冼懿穎
美術編輯：羅心梅
校對：呂佳眞

法律顧問：全理法律事務所董安丹律師
出版者：英屬蓋曼群島商網路與書股份有限公司台灣分公司
發行：大塊文化出版股份有限公司
台北市 10550 南京東路四段 25 號 11 樓
www.locuspublishing.com
TEL：(02)8712-3898　　FAX：(02)8712-3897
讀者服務專線：0800-006689
郵撥帳號：18955675　　戶名：大塊文化出版股份有限公司

總經銷：大和書報圖書股份有限公司
地址：新北市新莊區五工五路 2 號
TEL：(02)8990-2588　　FAX：(02)2290-1658
製版：瑞豐實業股份有限公司

初版一刷：2014 年 1 月
定價：新台幣 300 元
ISBN：978-986-6841-50-7

推薦序

在轉角處遇見糖果貓貓

跨界藝術家糖果貓貓和我的緣分是從微博開始的，我在微博上偶然看到了她的作品，非常喜歡，立即發私信想要聯繫上她，兩人接上線以後，原本的網上虛擬關係，很快就被上海藝術人文頻道的節目《翻箱底》所改變，她被邀請到節目中，當時我正好是嘉賓主持，在錄影的過程中，我更進一步了解了她的創作與人生，糖果貓貓從此成為我的忘年知交，頗有相見恨晚的些許惆悵，因而彼此時有互動。

我在 2011 年中策畫的封山之作：威尼斯雙年展平行展「未來通行證」，在威尼斯結束後巡迴到荷蘭鹿特丹世界藝術館和在台中的台灣美術館，最後一站來到北京今日美術館。由於每一站都會加入一些當地的元素以及當地的藝術家，雖然我錯過了邀請糖果貓貓參加前三站展出的時機，但是我還是邀請她參加了最後一站的展出。後來，糖果貓貓到台灣訪遊，我特地安排她和大塊文化的郝明義先生見面，牽起了出版這本書的緣分。

1985 年出生於廣東的糖果貓貓，大學時代就決定自己闖蕩江湖，隻身北漂到上海，開始她獨立自足的生涯。她以「sha sha」這個中國新少女的形象享譽插畫界，喜歡在日常生活的題材裡描繪糖果貓貓她個人的際遇與思維。她懂得用心思去觀察四周的人物與風光，她更懂得在所到之處遍嘗美食，所以，她的作品往往體現了色、香、味俱全的審美經驗，習慣以豐富的視覺層次讓讀者彷彿身臨其境，體驗她所經歷的視覺劇場人生。由於糖果貓貓的作品源於生活，所以我認為她的藝術，會讓觀眾有一種在轉角處遇見糖果貓貓的驚艷感覺，哪怕僅僅是一瞬間。

以插畫家的身分跨界和國內外著名品牌合作，使得糖果貓貓聲名遠播，例如：HENNESSY、NIKE、Lotto、EVISU、eno、Nivea、Tbwa、Ogilvy、W+K、

GOELIA、MTV、Swatch、NESCAFE、Fortress、CUP、COACH、Jasonwood、ctf、Semir、Meters/bonwe 等等。再加上她曾經擔任服裝設計師、品牌策畫及圖形設計，使她又多了一個設計師的頭銜，2011 年香港《透視》雜誌評選她爲「40 under 40」的設計新星。糖果貓貓還擔任過動畫導演、策展人，她的身分多元、創意無限而且不受拘束，不但與香港導演彭浩翔合作了中國版《破事兒》的插圖，並且在 2010 至 2011 年由香港 CUP 出版社製作發行了她個人的繪本《賣乜鵪》和《鵪心動》。這次由大塊文化印行的《印度行李箱》，是糖果貓貓在 2009 年受中國女性服裝品牌 GOELIA 的邀請，遠赴印度創作的見聞錄。

糖果貓貓的印度行，引伸出她爲 GOELIA Concept Space 繪製高達兩層樓的大型壁畫，並且在 2011 年策畫《印度行李箱》的個展，這批手繪和攝影作品巡迴了中國六個城市。糖果貓貓的人生和藝術都是一種遊牧式的漫遊，自由自在、無拘無束是她創作最重要的元素。這位像精靈一樣不可預測的奇女子，她的足跡，她的見聞，被她的藝術組織封存成爲永恆的記憶，透過繪畫，透過攝影，透過出版……，她的人生，最終會是一個無比龐大的多媒體巨型裝置藝術，令人驚異，只能讚嘆。

陸蓉之

策展人、藝評家

實踐大學媒傳系專任教授

推薦序

心動上路

作為一個有嚴重潔癖與強迫症的處女座,以及極限運動狂熱分子,我有勇氣從三萬呎高空跳下,敢於潛入二十多米的水底,但,我就是沒辦法忍耐髒與亂。所以,印度應該是我一輩子都不會踏足的國度。

就像看完奧運會,就幻想自己做了運動一樣,我特別喜歡看遊記,越不可能去的國家,我就越愛看當地的遊記。糖果貓貓的《印度行李箱》,讓我看完後對印度有新的體會。先別說她可愛的畫風,從這伶俐的女生眼中,印度彷彿跳出了固有的框框,我從書中看到的,不止是咖哩與泰姬陵,細微至一塊瓷磚,一縷紗麗,一個微笑,在糖果貓貓的書裡,都顯得特別生動。畢竟,身為四大文明古國之一,印度留下來可觀賞玩味的文化,亦如恆河上每天朝拜的人一樣多。

猶記得當糖果貓貓告訴我從印度回來,我問她喜不喜歡。她給我的不是一堆讚美,亦不是滿腔投訴。這女生就是氣定神閒呷一口茶對我說:「你親自去過就知道。」是的,我承認那一刻感覺有點遜,堂堂一個男人,竟然因為糾結於(說是受制比較恰當)自己的潔癖,而錯過了一段美好旅遊經歷。

不過,像我這樣龜毛的人,出發去一個國度前,總免不了想太多。《印度行李箱》不是旅遊指南,而是窺探印度的一扇門,最起碼,也讓我心動想上路了。

彭浩翔
電影導演

自序……

Curiosity killed the cat?

寫書，最難的其實是寫序。就好比，旅途過後收拾一個行李箱，收拾到最後，總是有幾樣物件不知道如何整理，但也總不能一直攤開不收拾完畢。

去年（2012年）十月，我認識了一個人。當時是個大冷天，我和他在路邊攤吃烤串，因為剛見面，誰也不會主動說話。正對著一棟黑黑的大樓，是以前常去的音樂酒吧，大樓已經空置了一年，現在窗戶都是半破貼上封箱膠帶。

他平靜地轉過頭問我：「Do you want to go inside?」
我沒考慮就回答：「Yes」。
他說：「Me too. Have you ever heard of "curiosity killed the cat"？」

當時我一下子反應不過來。從來就沒有人和我討論過關於好奇心的問題，當時我並沒有放在心上，只是覺得他思維很特別，後來這個人卻成為我的摯友。第二天，我去北京。機緣巧合，透過陸蓉之老師的介紹，約見了一直景仰的郝明義先生。暢聊後，我厚著面皮分享了自己在印度的攝影作品、遊記和旅途完後創作展覽的圖片。我告訴他，其實我一直想寫這個印度旅途裡的故事。郝先生覺得很好，並建議從藝術角度去寫，結合展覽的創作紀錄，而不是單純的旅行遊記，這個印度旅途的故事將會更有趣。後來我聽取了大部分的意見，集結合成這本《印度行李箱》——一本集印度遊記和創作的紀錄書。

臨走之前，郝先生贈我一本他寫的《一隻牡羊的金剛筆記》。但我是無神論者，看到「金剛經」三個字就卻步了，沒有第一時間就閱讀。

直到我在回上海的飛機上，因為好奇心，還是隨手翻開了這本書其中一頁。映入眼簾的第一句是「好奇會殺死一隻貓」。

我頓時完全無法制止眼淚。原來這句話，完全是入心了。再細讀，才發現《一隻牡羊的金剛筆記》其實是寫一個人的狀態，以及如何用佛經的哲理去獲取內心的平靜，思考商業和人生的問題。其實很多時候，事情因果存在的鹵莽，起源就是來自自身的好奇。

透過機窗進入的一束陽光照映在白白的書頁上，緩慢地向後移動。文字就像光線和空氣構成的玻璃罩把我從人群中完全抽離，我開始相信，任何事物都是存在契機。

改變我人生的兩個重要的人，說了同一句話：Curiosity killed the cat。

以前，我總是可以給自己一百個理由去說服自己喜歡或者討厭一個地方，卻找不到一個理由讓自己害怕出發。總是天眞地認爲，今天我登上了山峰之後，就可以征服懸崖；可是一旦事情超出意料，就會變得無法控制，因爲我的好奇心總是無止境的。

爲此我學了很多溝通方式，人與人之間和動物之間的溝通方法、盡量學習不同的語言、常備備胎方案、行李箱裡存放各種藥物。甚至每次出發前都會把家裡事情交代一遍，例如，萬一我發生任何意外，書和貓怎麼處置、把家具雜物賣掉捐給誰等。但在旅途上我不會刻意做太多攻略，會先到達一個地方，留下來看看，覺得自己喜歡哪個方向，再隨心走走。

或許自己心裡根本沒有安全感，把害怕都寄託在路上，尋找更大的安慰。

旅途，就是一把鑰匙，用來打開心裡的門，也是我生活裡必要的創作源泉。有時候會很累。由好奇心所促成的旅途，發生過很多問題，也遇上過即使自己再強壯和堅強也無法解決的困局和危險。但也因爲我的好奇心，促使我堅持走了很多路，看過了萬家燈火闌珊，把體驗過的文化和顏色都反饋到作品上。因爲好奇，也讓

我做事貫徹到底，不半途而廢。

出發，並不是單純爲了證明自己勇敢，而是想跟隨內心的聲音，去探索未知，趁年輕去冒險。冒險不是刻意營造的東西，它只會發生在特定的情況、地點和人物身上。就像賭博，帶著刺激，我迷上了冒險，賭上了好幾次自己的人生，而依然無法停下來。就像上了癮一樣。其實，「Curiosity killed the cat」這句話，更應該問一問自己：無論是生活或者旅行，該如何掌控好奇心，適時進退，才是策勒那匹內心野馬的關鍵。

同時，這也是一道給你們思考和回答的問題。無論是在生活或者旅途上，你的好奇心，促使你做了些什麼、帶來了些什麼。

期待，下次，與你聊更多。

糖果貓貓
2013 年 10 月 20 日

India Suitcase 目錄

Part **1**

印度是個動物園

fly to get
lost . . . .

更多時候，我們一往無前。
並非因爲勇敢，而是對未知的路感到眞實和興奮；
可以聽到自己內心的聲音，並走下去——這便是活著的意義。

INDIA MAP
印度全圖

- 新德里 New Delhi
- 亚格拉 Agra
- 齋蒲爾 Jaipur
- 瓦拉納西 Varanasi

啓程

在還沒有去印度之前，一直對印度的瑰麗色彩，宗教信仰的神奧，古老又傳統的文化感到好奇。直到辦完簽證、最終坐上飛機的刹那，才驚覺自己真的要踏上去往印度的旅程了。感激中國的女性服裝品牌 GOELIA 的邀請，參與體驗和創作關於印度文化的事物。半帶任務半帶娛樂地出發了。

旅途上與我結伴的是 Madi。她是國內少有的獨立女性攝影師。從 2009 年 10 月 23 日出發，一共遊走了印度的四個城市，分別為：新德里、阿格拉、齋蒲爾、瓦拉納西。耗時十九天，屬於兩個女子的旅途。從啓程到每一站，一路波折，遇上形形式式的人和動物。有令我們震驚的、疑惑的、讚嘆的、浪漫的、感觸的種種故事。

我習慣帶著牛皮筆記本和一堆彩筆，坐在某個位置畫。總是畫一些無關緊要的事情，畫的時候也會因為太過認真而忽略掉食物或身邊的人。但每次回頭看，卻是最珍貴最喜歡的一段回憶。

印度就像是一個龐大的動物園，動物和人生活在一起。隨處可見猴子、驢、馬、牛群、貓、狗、大象⋯⋯所有的生物與人之間總是有著微妙的情感，互相尊重，並以各自的姿態和諧共處，讓人感覺生生不息的生命力正在延續。有時候我會幻想牠們其實一直躲在我的行李箱，或者是沉睡在箱子裡，不小心被我夾帶了回來，伴隨我的回憶，等待適合的時候才慢條斯理地出來散步。

第一個印度的晚上

印度航空是至今讓我覺得很神奇的航空公司：從進入機艙開始就可以聞到咖哩薰味，空姐穿著紗麗的服飾，皮膚黝黑，塗紫紅色的眼影，五官美豔奪目，讓人欣悅，但座椅卻很殘舊。從上海到印度的飛行時間大概是六個小時，從登機到坐下來，便意識到我們是飛機上看起來最年輕的兩個中國女生。

這時，腦子是空白的，假設了很多可能性，卻無法想像更多將會遇到的經歷。

飛機於半夜降落在新德里，即印度的首都。一位印度司機前來接機並載我們去飯店，我注意到車廂的照後鏡上畫有一雙美麗的「慧眼」，我覺得好看，便掏出本子把它畫下來，路卻是歪斜簸得畫不下一條直線。後來才知道那是代表幸運，也寓意著天上的神時刻看著你在做什麼，所以得自我警惕，不能做壞事。

我們疲倦但興奮，誰也不想錯過眼前的風景和對印度的第一印象，於是努力辨認車窗外的四周。路是漆黑的，沒有

燈。除了樹木的黑影向後拉移，越過荒野看到的只有平房的黑影不見高樓。音響傳來重複的印度迪斯可四拍節奏，提醒我們真的來到印度了。

當晚我們入住在德里的第一間旅館，我們叫它太陽星。房間布置整齊乾淨，有復古家具和壁紙。電視播著好有喜感的歌舞劇（其實節目大都是歌舞劇及好萊塢大片或者二十四小時的 MTV）。服務員裡有中國面孔的印度人，要時常記得準備小費，因為這裡任何善意幫忙都包含了小費的價格。剛開始不習慣，沒有常備零錢，服務員便站在門口不肯離開，還被他們「友善」地提醒：「明天噢，明天你們要記得給我小費，我記得你們」。

必須提醒的是，不管在印度哪裡，放在冰箱的礦泉水瓶總是已經開封的，最好是向飯店購買新的。要小心注意飲水衛生，並少吃肉類，常備消炎及抗病毒的藥物，會對你接下來的旅途免去不少麻煩。

飯店的頂樓是我們解決早餐和晚餐

INDIA AIR INDIA

關於印度航空：
AIR INDIA

花絞分土黃色和
梅紅色
中間是四个彩顏色的小點.

印度航空的衛生條
件其實並不太夠喔.
如我所坐的位
置煙缸是滿的.

一般都有金色
的大耳環

隨時為
你添水
的乘務員

酉己長褲
方便啊

白邊特別長.

印度的航空用的
嘔吐袋子

π 지지
Air Sickness

紅色

白色

ᄀᄀᄀᄀᄃᄃᄃᄃᄃᄃᄃ
AIR INDIA

鋁製收集垃
圾的大箱子.

大槽擺實在是
很好看.

★ AIR INDIA 的航空小姐製服

一筆一比例的糖包

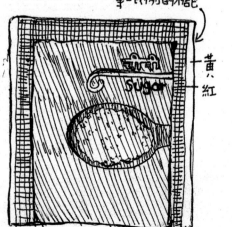

라이자
Sugar

黃

紅

·····我們的晚餐··

土豆泥   沙拉   水   麵包   牛油   沙拉醬

咖哩雞佳飯· 酸奶

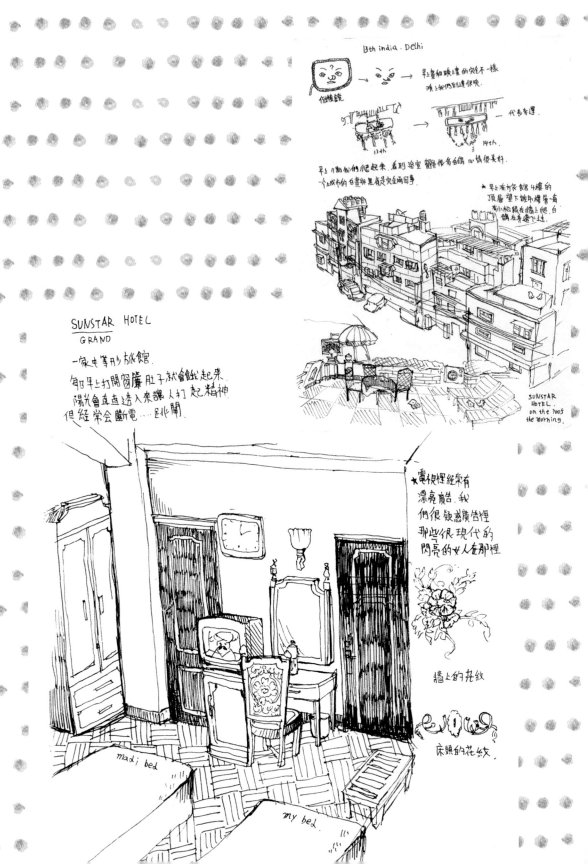

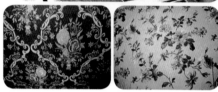

↑家具和壁紙都布滿了美麗的花紋。
與其說印度的家具復古，其實這就是印度的風格，都喜歡用歐式的紋飾。

　的地方，那裡聚集了非常多的白鴿。入夜後在飯店裡用膳會比較安全，畢竟印度不容易找到出租車，而且入夜後大部分的商店便關門了。我們也曾在飯店附近散散步，但總招惹來陌生人的好奇和跟隨，所以盡量把行程安排在早上，晚上就待在飯店內，一邊享受香噴噴的咖哩和冰涼的啤酒吧（記得要以右手抓食噢！因為印度人視左手為不潔）。

　我以為在陌生床上不容易入睡，卻因為疲倦而很快失去意識。不知道夢到誰，醒來的時候，眼睛被淚水浸染得不舒服。

↓在德里看到的和太陽星飯店的花紋

INDIA AIR INDIA
seat back cotton
material.

SUNSTAR
GRAND
Hotel
Room 206.
wallpaper.

seat back.

HOTEL
SUNSTAR
GRAND
NEW DELRI

HOTEL SUNSTAR GRAND
太陽星旅店

地址：7a/17 cHenna market w.e.a karol bagh,
New delhi-110005 India
電話：91-11-45013582
網址：sunstargrand.hotel-sunstar.com

相信愛情的德里司機

在印度馬路的規則是為人定和為動物定的。常見到橫過馬路的人和牛群來自四方八面了卻瀟灑自然不慌忙，車亦沒有很具體地分道。往往會見到每輛車上傷痕累累、凹凸不平，要麼是被摩托車撞的，要麼是被牛撞的。

如果在不跟團的情況下，建議多花點錢找代理旅行社包小車一天遊，又省時間又安全，一人大概400盧比。由於景點都集中在舊德里，那裡到處都是市集和動物在搶道，遊人夾雜其中會十分矚目。乘車隔著車窗看看熱鬧，也是給自己熟悉印度的一個好開始。

載我們的司機很年輕，左手掌背上燒傷了，卻在上面紋了一個歪斜的印度符號，看不清。他說這是帶給他勇氣的祈禱。

他毫不客氣地問我：「你結婚了嗎？」後來才知道印度的女性一般都早婚，而且大部分是盲婚啞嫁，女性大概在16歲就開始生育。印度依然是比較男權主義的國家，大多數印度人都覺得女子沒有勞動力，所以在一般情況下，女嬰從小就許配給別人，以換取土地或者金錢，亦有一部分因為缺乏照顧而離世。所以，目前為止，據說在印度男性和女性的比例是6：1，因此兄弟共享一個妻子是很常見的。

那麼司機先生應該是個很幸運的人。他給我看戴在手上的綠色石頭，說：「我有未婚妻了，明年就會回鄉娶她，雖然我和她素未謀面，但是我相信我會找到真正的愛情。」

14th, we on the road from Delhi to Agra.

all way collide!!

Agra motorcycle. many many people.

Delhi motorcycle. only 3～4 people.

truck back draws. usual have 2 cattle.

INDIA students

　　沿路發現嚴重超載的三輪車和人力車，都超載得各有特色。我默默數過一部小三輪摩托車竟然可以載十個人！是如此牽強卻又精神奕奕地在路上奔跑著。我好疑惑，這個小小的、可憐的摩托馬達到底是怎樣發動的？乘客好奇地看著我，我也好奇地捕捉他們。常見瘦弱的三輪車夫，載著三、四個印度女人，非常吃力地踩著。亦有心思細膩的車夫，在鐵皮和木頭支架上繪上好看的傳統花紋。

　　雖然討價還價的過程令人討厭，但是三輪車實在是穿梭古巷，或遊覽印度最佳、最便宜的主要交通工具。後來在旅途的第二站，也看到同樣的摩托三輪車。只是超載的情況越來越離譜。

　　還有繪畫精緻、五顏六色的大貨車，上面的圖案工整而顏色豔麗，都是不能忽略的民間藝術好元素噢。總是很好奇由誰繪畫的，開玩笑地對朋友說：「如果我在這裡工作，一定會失業。」

　　常見到白水牛哺育小牛的圖案，其實也是一個祝禱的圖案，保佑司機平安出入。

　　後來這些圖案和顏色都啓發了我的靈感，成爲日後創作元素的一部分。

1　紅堡外牆
2　印度教寺廟
3　紅堡飲水的地方
4　寺廟草叢裡的情侶

輕紗與舞蛇

在紅堡裡，鴿子群不怕生，就在頭頂飛刷而過。印度少女穿著輕紗，身體線條如此優美，在陽光折射下幻化七色的瑰麗。如同少年邂逅初戀般朦朧，我是真的開始著迷於這些影子，輕紗裡都是描述不盡的顏色。

在這裡，我們開始意識到即使身處旅遊景點還是得要提高警覺。因為就連背著書包的印度小朋友都會追著我們說「money、money」，讓我有點不耐煩，其實他們應該還不清楚金錢的意義吧。

常常見到提供免費飲水的地方，當地人都會直接從這裡接水飲用，但並不衛生。而紅堡裡所謂的古董和紀念品價格昂貴且不精緻特別，可以稍微保留銀兩等下一站。

在印度光明正大牽手的情侶很少，相反的，勾小手指頭一起散步的男性同伴很多。至於是不是性取向的問題，我覺得也不是，大概只是習慣。後來路過寺廟的草叢，一對小情侶相互依靠，捨不得不拍，畫面很像80年代的老電視劇，帶著羞赧的青澀感覺。

傍晚時分，遊覽完印度教寺廟，正要上車，吹笛子舞蛇的印度人就在我們面前舞起蛇來。或許我們都感到害怕，便急忙上車關上門。車開動之後回頭看，才發現真的有蛇從編織籮子裡舞出來，卻狠狠地咬了舞蛇人一口！希望他別受傷。

德里的朋友

第二天，我們去見新德里的朋友。

德里有新德里和舊德里之分，顧名思義就是新城區和舊城區。其實還有新新德里，住的都是比較富裕的印度人。越過橋後全是高樓大廈、摩登住宅，亦有高消費的商場和店家，就如孟買，是完全不同的世界。

在新新德里，圍繞著摩登建築、百貨購物；在舊德里則牛馬當道，互相搶行比較混亂，所以連在當地生活的朋友也笑說，他們其實從未進出舊德里。我問他們，現在我所入住的旅店安全嗎？他們笑而不答。朋友一家便是住在新新德里的商人，衣著比較時尚現代。特別是小女兒，實在是太可愛了，亦會說

hello，非常有禮貌，很討人喜歡。實際上，印度大部分地區依然以傳統的紗麗為主，印度人對小孩子的穿著並不怎麼講究。

第二天中午，我們在一家舊軍人開的印度傳統餐館裡用膳後就去購物。要免去討價還價的麻煩，Central Cottage Industries Emporium 精品店會是一個不錯的選擇。那裡所有旅遊精品均以批發價出售，也可以貨運回大陸。一到三樓，從精品、手工製品、家居日用品、護膚品、鞋子、服裝、家具等萬般齊全。細淘還是會找到好貨色，想要淘特色的精品則更要前往。假如你的旅遊路線是由北往南，那先別急著買服飾，沿途會有更多的選擇。

假如你在同一個城市逗留四到五天，

可以考慮量身訂作一套紗麗。手藝好的師傅大概亦只需要二到三天便能趕製出來，但在量身時，女生需小心不要被「鹹豬手」（佔便宜）。

紗麗的魅力大於實際穿著，那是絕大部分的印度女性一輩子都希望擁有一件的服飾。所以我給自己訂作了一套紗麗，紫色的，上面有手工刺繡的圖案，摸上去很輕柔。好不容易才穿上，又覺得紗太薄，移動的時候也得小心。我很好奇為什麼印度女性總是可以穿著紗麗利落地做家務。

由於一切都被朋友安頓和照顧得好好

的，加上我們也很注意飲食和不亂跑，城市就變得很可愛。雖然沿途還是不停地被搭訕，有時候會疑惑他們是真的想表示友好，還是背後帶著要「money」的意圖。

在喝完據說是印度銷售第一的啤酒後，我們在頂樓脫了鞋子，看煙火在頭上爆啊爆。過兩天就是印度的排燈節，有如印度的新年，我們怎麼那麼幸運啊！明天出發去阿格拉看泰姬陵，希望吃到更多好吃的麵包。

臨走前，我給德里的朋友畫了一幅畫，是一張全家福。因為無法預計再次回來的時間，就一直把畫帶在身邊，等再次見面，已經是大半個月之後，也是接近回程，重回新德里的時候。有時我不太懂得用說話去溝通，我覺得不是語言的問題，而是表達的方式，特別是感激。畫大概就是取代語言的媒介，會謹記在心裡。

Central Cottage Industries Emporium
नई दिल्ली जवाहर व्यापार भवन, जनपथ

地址：7a/17 cHenna market w.e.a karol bagh,
New delhi-110005 India
電話：91-11-45013582
網址：sunstargrand.hotel-sunstar.com

1

2

1 Central Cottage Industries Emporium 裡的精品，買了很多印度茶盒做伴手禮，後來
　卻一個都沒有送出去。因為茶盒面有很好看的手繪花紋，每一個都不一樣。

2 我買的紗麗。

我的愛情應該是七色的！

我覺得，很多年前，從未出走，我的愛情應該是單色的。
很多年後，在這裡，我覺得我的愛情應該是七色的。

來自天上的禪音

到達阿格拉後，我們入住了阿瑪旅館，感覺就像回到了中國 80 年代的老式豪華旅館，地下室是歌舞廳，花園有露天游泳池，一天二十四小時不停播著印度迪斯可音樂，冷氣發出轟隆轟隆的聲音後才開始運作，一點也不精緻。其實在阿格拉附近的旅館都相差無幾，而且選擇也不多。

到訪這裡，主要就是要參觀泰姬瑪哈陵，趁時間尚早，我們便出去走走。附近只有一處所謂的生活中心，就是一家咖啡店和一家必勝客，再無其他商店了。放眼盡是未開發的公路，路上亦有牛羊在慢條斯理地散步，駕象的男孩就在身邊擦肩而過，露出一抹笑容。

後來在離旅館不算遠的地方找到一家樂器行，除了賣一些我們常見的樂器之外，也有很多印度當地特色的傳統樂器。可是走進店內，才發現店的另一邊兼賣珠寶和雜貨，以便招攬更多的生意。進門後，店主便以拉茶招待並邀請

Hote Amar
阿瑪酒店.

地址：Tourist Complex Area Fathebad Road Agra 282 001India
電話：91-562-2331887

我們坐下來。拉茶好香好香，裡面主要放了一種叫作瑪莎拉（MASALA）的香料，喝起來有很重的薑味，是印度用來招呼朋友或者客人最常見的茶飲。

我們警惕又小心，怕茶裡多放了些迷暈藥，但又拒絕不了拉茶的茶香。一杯喝下，便乖乖坐下來聽師傅彈奏。他先演奏一種特殊的小鼓，叫手指鼓，只用手指靈敏地在兩個鼓之間敲擊出節奏。正聽得迷醉，抬頭便看到屋頂掛滿了手工製的西塔琴，尺寸從大到小的一應俱全，上面嵌有象牙雕花，工藝實在太精細了。也許店主看穿了我的眼神，知道我喜歡，便拿起其中一個已經彈到燻黑的大西塔琴撥起了弦。

那一刻，我認為我聽到最美麗、最真實、最脆弱的來自天上的禪音。

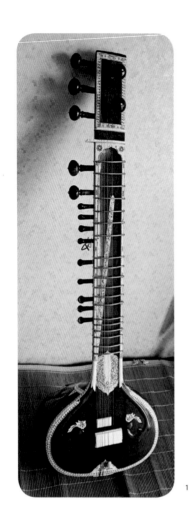

1

2

Diwali 排燈節

就這樣，我與西塔琴結緣了。因為想方便攜帶，所以選擇了中號的 11 弦。後來在瓦拉納西學琴的時候才知道自己買貴了，8000 盧比可以在瓦拉納西買到大號的西塔琴，而且中號彈起來聲音也不如大號清脆，實在有點可惜。關於西塔琴的介紹，在之後的旅程上會提到。

回到旅館的時候，發現旅館大堂中間有五顏六色、由香料排成的圖案，後來才知道那是 Diwali 的吉祥圖案，是為了慶祝印度排燈節所布置的裝飾。排燈節是印度最歡快、最重要的傳統節日之一，也是印度教以「光明驅走黑暗，以善良戰勝邪惡」的節日，相當於印度的新年。這個時候，家家戶戶都會盛裝打扮，點起蠟燭，把家裡的門和窗都打開，寓意迎接光明和幸運之神。印度人很喜歡在特別的日子裡用香料排列成吉祥的圖案，結合油燈供放在客廳中間，

INDIA'S NO.1 BEER

KINGFISHER
翠鳥啤酒

3

翠鳥.
身上有波點紋理

1 西塔琴
2 DIWALI 排燈節的吉祥圖案
3 翠鳥啤酒

這些圖案都是一些七彩的鮮豔符號,一般寓意吉祥或者祈求保佑。

晚上實在是炎熱。晚餐時我一般都會喝掉一瓶 KING FISHER 翠鳥啤酒。翠鳥是印度很常見的鳥類:身形嬌小、翅膀上有藍色的圓點,拍動翅膀時有種近乎迷幻的顏色。曾經在路上看見過幾隻翠鳥,長有油彩般的藍色羽毛,看起來很小、很精緻,也很膽小,一靠近便嚇得飛走了。

幸運的是,今日餐廳的人不多,依然只有我們兩個中國人,人比較少,這樣會讓我們看起來不太奇怪。我想把啤酒的包裝紙撕下來,卻是每一張都撕得不好。果然,有些東西是無法勉強保存下來。

泰姬瑪哈陵三少女

在印度，還是抱著以消費心態、捨得花點錢，選擇確保自己人身安全的旅行方式會比較穩妥，畢竟如果在這裡發生意外，確實是叫天不應、叫地不靈。在阿格拉的第二天，負責接送的是我們新德里朋友的管家和司機。在朋友的建議下，還是決定租一輛車包遊阿格拉和齋蒲爾，這樣會更方便，時間也較能掌握，而且我們要去的幾個景點實際上也需要租車，所以還是選擇能信任的人比接觸陌生人好。

管家是位長得很高的印度人。一身樸素，戴金框眼鏡，常常一臉嚴肅，說話語氣讓人有信服感。據說他服侍過朋友的家族三代，終身未娶。相較之下，紅髮司機顯得矮小，他不會英文，所以話不多，頂著一頭紅髮。而且因為他經常咀嚼一種植物的枝葉（有防止蛀牙的效用），其汁液會把牙染紅，所以他連牙齒也是紅色的，印度人都喜歡嚼這種植物代替刷牙。

雖然也很想一嘗當背包客搭火車的滋味，也知道印度有專為女士而設的車廂。但今年來負面新聞始終不斷，鐵路系統不完善，而且還需要預約，對於短途旅行客來說相當麻煩。我與朋友亦因此討論過，到底是窮旅遊當背包客坐火車，還是乾脆花一筆買安全。早上起來打開電視，便看到新聞報導火車對撞的消息，導致鐵路癱瘓，那一刻我們才發覺其實安全與危險就在一線之間，不由得嚇出一身冷汗。

很快地，我們便到達傳說中的泰姬瑪哈陵（Taj Mahal）。據說，在這裡會讓人重新相信愛情、真愛是可以永存的。之前我一直對它有著模糊的概念，只知道它是世界遺產，亦是最重要的印度古建築。但當我真正地踏足這裡，看到它令人窒息的柔美和莊嚴的宏偉、純潔和精緻，才覺得建造這座陵墓的君王，是

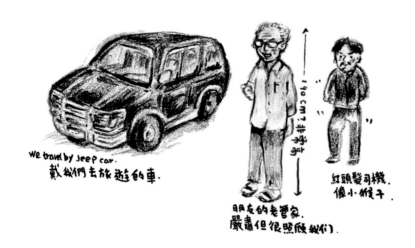

We travel by jeep car.
載我們去旅遊的車.

190 cm? 非常的高

朋友的老管家
嚴肅但很照顧我們.

紅頭髮司機.
像小猴子.

多麼懂得女人。泰姬瑪哈陵亦象徵著
「一滴永恆的眼淚」，使得一段千古不
渝的愛情故事被後人永久傳誦。

　　傳說慕塔芝·瑪哈（Mamtaz Mahal）
皇后在臨終前，要求沙·迦罕（Shah
Jahan）君王承諾爲她建造一座讓世人
景仰的陵墓。慕塔芝·瑪哈皇后死後，
君王悲痛欲絕，耗資數百萬盧比、耗用
兩萬名工匠，花了近二十多年的時間，
才完成了這座震驚世人的大理石藝術建
築，成爲愛妻的長眠之地。

　　同時，泰姬瑪哈陵亦堪稱世上最完美
的建築，融合了中亞、波斯和印度本土
風格。在整體設計上合乎莊嚴、和諧、
對稱等平衡效果。加上使用白色的大理
石建築，並且嵌有彩石圖案，更加顯出
這個愛情故事的神祕和淒美。

也許印度人實在是很愛這個故事，並發自內心地相信它、尊敬它，所以來到這裡的當地人才會變得如此有秩序，平時亂七八糟地橫越馬路的模樣也都自覺收斂。

在基台上，大家都規矩地排成長長一列隊伍。赤腳踏足在冰涼的大理石上時，與猛熱的太陽有著很大的反差。周圍的環境保持得一塵不染，亦尊重了君王對皇后的承諾，在附近不見高樓建築，只見樹林和河流，使世人都能永遠地景仰這座舉世無雙的陵墓。

莫名的，喜歡跟隨在這三名印度少女的後面。從樓梯到登上基台，觀察她們的麗影，輕紗隨著身體的曲線擺動，黑溜溜的長頭髮就這樣披散在紗麗上。稚氣的臉孔有畫得端好的黑色眉毛，五官與紅唇的顏色相稱得太好看……我看得著迷了。

陵墓內是不能攝影的，而且遊人太多也只能走馬看花，我們很快便覺得疲倦，亦被擠了出來。很多印度人都會拿著一支小放大鏡，貼近研究鑲嵌在大理石牆的寶石。

或許是巧合，我身上也戴著寶石，那是當時交往的男友給我的，是一條藍色的貓眼石項鍊。他說像藍色的眼淚，也像星星。這幾天我又過敏，項鍊與汗一糾結就不舒服，但我不願意脫下來，因為不停地想著關於他和我的事情，到底會是怎麼一個模樣、怎麼樣的將來。我

們的關係，既是伙伴也像好友。但一直
存在距離，彼此擁有不同的語言，從互
相學習到親密，一同度過了歲月。

　　但面對相處之間和生活裡的各種細
節問題，卻感覺有些不對，與其停留原
地，我更想走到遠一點的地方懷念他。
雖然，沒有他在我身邊的日子，讓我開
始明白什麼叫作不習慣，我需要些力量
支持我走下去。

　　今天我把他給我的「藍色的眼淚」戴
到這裡，也是緣分。大概，每個人心裡
總會據守一兩件信物，有時候並非物品
的價值，而是在於背後的記憶。或許是
有意義的，或許是沒有的。

　　在我的角度，會視乎人，視乎是誰給
我的。

外牆上紋理

在泰姬瑪哈陵內外牆壁上看到的一些紋理。除了有傳統的伊斯蘭建築特色的圖案外，還可見一些印度特有的花和植物，那是早期的印度工匠被召建造這座伊斯蘭建築時，偷偷地將很多印度花紋加入其中。大概每個民族都會有他們想擁護的東西，從細節可見。有時圖案複雜巧妙得讓人驚訝，其實一切都包含了對等、平衡的建築學原理，有一定的公式，而非隨心所畫。

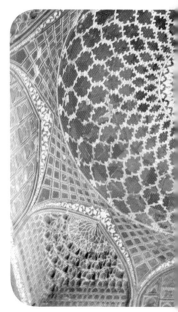

面紗後的臉孔

在印度朋友建議下，嘗試入鄉隨俗，漸漸習慣穿著紗麗。一來可以避免些不必要的麻煩，而來紗麗本身的質地是由絲製成的，很輕盈涼爽，又可以覆蓋大部分的肌膚，對於印度猛烈的太陽是很適合的選擇。但我所穿的並不是長紗圍裙的經典款式，而是更方便走動的簡裝，下身是大喇叭花褲。印滿花紋的絲質紗麗在身體上一點也不覺得熱，反而靈巧舒服。把圍巾圍在頭部，除了防曬，必要時可遮擋面孔，能避免不少身為異國人所招來的麻煩。

走累了，我們便在出口處的基台上盤腳坐了下來。周圍都是圍坐在一起的印度人，看得出都是家庭或朋友的組合，大家分享食物，很是開心。偶然會有穿著傳統伊斯蘭服飾的伊斯蘭教徒從身邊經過，男性的衣服組合很奇怪，是素白帶服裝摺皺的樣式。女性的基本打扮均是黑紗，除了黑眼睛，面紗下的臉孔是怎麼樣的，或者她們到底看到些什麼，我都感到疑惑。很多時候我喜歡注視別人的眼睛，可以看到些故事。但唯獨對於蒙面紗的女性，我會失去判斷無法猜測。大概是因為我的好奇心無法單從眼神上的交流就得到滿足，總是很想了解她們的文化，多些、再多些。

1 在泰姬瑪哈陵左基台兩側
　各有一座清真寺，不要錯
　過樓頂上的傳統伊斯蘭圖
　紋。
2 基台兩側的清真寺。

在泰姬瑪哈陵的伊斯蘭教徒

Agra
阿格拉

開始入鄉隨
俗穿紗麗．

　　後來我們參觀了附近的阿格拉堡，這是沙・迦罕君王晚年被兒子囚禁的地方，隔著河與泰姬瑪哈陵相望。據說君王在臨終時雖然已經不能起身，依然透過一顆寶石的折影，遙望愛妃的陵墓。所謂景點就是這樣，和自身感觸的事情其實並不多，更大的感動大概來自背後的故事吧。

　　在這裡遇到一些拍團體照的學生，穿著時髦，猜測應該是來自大城市的學校，作這樣現代打扮的年輕人在街上其實並不常見。沿途有很多人會很友善地想為你帶路，他們都有印刷得很精細的導遊證，告訴你聽起來並不昂貴的導遊費。不過景點的地方雖大，但其實根本不需要導遊，還是小心提防被詐騙比較好。曾經坐過所謂官方的旅遊車來回索價 100 盧比，一小時後則要 400 盧比，說是包括了等候的費用。我們覺得不公平，最後拒絕支付，但他們不死心一直尾隨，還好老管家就在不遠處等我們，把他們攔擋著，才解決了麻煩。

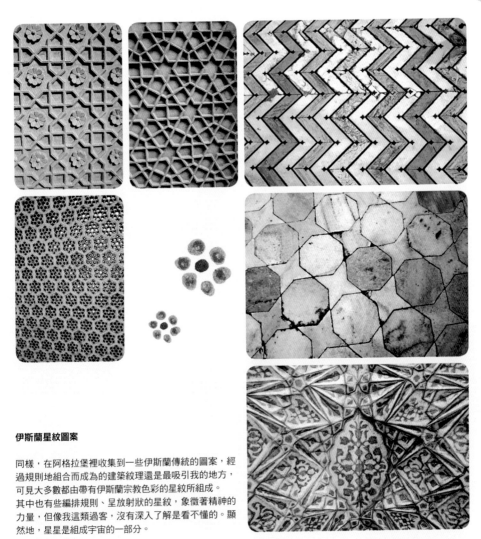

伊斯蘭星紋圖案

同樣，在阿格拉堡裡收集到一些伊斯蘭傳統的圖案，經過規則地組合而成為的建築紋理還是最吸引我的地方，可見大多數都由帶有伊斯蘭宗教色彩的星紋所組成。其中也有些編排規則、呈放射狀的星紋，象徵著精神的力量，但像我這類過客，沒有深入了解是看不懂的。顯然地，星星是組成宇宙的一部分。

最美麗的花園

第二天早上，我們去了泰姬瑪哈陵對岸的花園，管家堅持說這個是阿格拉最大、最美麗的花園。

門票不貴，種滿繁花，青青綠綠很好看，但卻沒有來參觀的人。Madi 撿到黑色鳥類的羽毛，握著珍惜地放在背後。

我離一些花匠遠遠地拍下幾張照片，他們卻故意走近圍著我們，開口要money，對此我們已經見怪不怪了。這時候，看到橘色的勒杜鵑（九重葛），當時卻一時想不起花的名字來，明明某個他就在我身邊說過的，卻只記在心裡忘記在嘴邊。橘色花蕾一束束，記得在廣州住過一所老宅，屋外也有一兩株。在不同時候拍過它們的燦爛，照片都在友人手裡和記憶裡。那些繁花，身處越遠越叫人懷念，這是一種特殊的歸屬感，沒有任何一個城市讓我更懷念，亦沒有任何一個地方更讓我有宿命起始之感，途歸有時。

後來，我們陸續參觀了其他景點，包括阿克巴大帝陵寢希金達拉（Sikandra）、勝利之都法特普希克里（Fatehpur Sikri）和小泰姬陵（Itimad-ud-Daulah）。在勝利之都看到如小鹿一樣的建築，這是一所押禁囚犯的地方，但外型卻喜感得讓人發笑，覺得很溫馨。

1

2

3

4

1 如小鹿一樣的建築。
2 阿克巴大帝陵寢希金達拉。
3 勝利之都法特普希克里。
4 泰姬瑪哈陵對岸的花園。

many many
squirrel!!

隨處可見的小松鼠.

Monkey!!
沿路……
見到牠們
"不要追逐牠們
也不要太接近.

1 希金達拉內的長廊。
2 希金達拉旁的河流。
3 沿途都會遇到不怕陌生人的松鼠和猴子。自由地在樹叢裡嬉戲追逐。但千萬不要因為牠們太可愛而過於接近，猴子偶爾會惡作劇，抓相機和頭髮。
4 很喜歡景點的門票，都是用很原始、會脫墨的印刷

方式。可惜都被撕去一半無法收藏起來。但反過來想，留了一半記憶在別處，也是樂事。

值得一去的是 Itimad-ud-Daulah 陵墓，亦有小泰姬瑪哈陵之稱。那是波斯人的陵墓，為了努爾·賈汗（Nur Jahan）王妃所建造的。建築結構上與印度傳統陵墓有些不同，牆壁四周的彩瓷都含有金銀細絲成分，在光線的照射下，會散發出閃亮光澤。內部手繪圖案部分雖然因歲月而慢慢失去了原有的豔麗，但其建築樣式和裝飾圖案都相當細膩，讓人驚嘆。至於顏色，據說顏料是和植物混合，久了依然瑰麗，而且變化繁多。舊時沒有色票可對照，那如何統一？根據分量調製？還是公式計算？都讓人想深入考究。

記得在其中一個靈柩上停留了一隻鴿子，光線從窗戶透射進來，美得讓人相信鴿子是來自上天的信徒。當時卻沒有拍下，生怕打擾前人的安靜。

5

5 小泰姬瑪哈陵墓內部花紋。
6 小泰姬瑪哈陵墓。

6

黑牛白牛與彩虹屋

　　回程經過印度的傳統市集。印度人忙於下午的交易，有些把貨品攤放在自家門前，也有擠到馬路上兜售蔬菜和食物。三輪車和摩托車互不讓道，還有不知從哪裡來的黑牛群堵塞了大路，車只能慢慢地跟在牛群後面。終於讓我精神起來，我還是最喜歡觀看真實生活的事物——生趣且生猛的真實。

　　印度不缺好看的年輕男子，都喜歡留中分髮型，五官輪廓突出，皮膚顏色黑得健康好看。只看你敢不敢獵奇，和接受頭髮中分、大鬍子風格及一身咖哩味。

　　沿途房屋和商鋪的外牆都有手繪廣告和字體，對我來說，這就是印度當地的graffiti，亂七八糟卻混雜得很精彩。

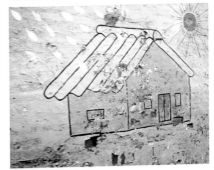

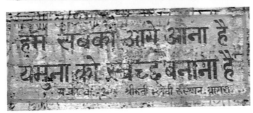

後來車繼續行駛，經過一個地方，管家先生對我們說這裡住了很多貧窮的人，所以小心不要打開車窗。只見家禽都是放養的，遠處可見由磚頭或木板堆砌而成的小屋，也有些乾脆用塑膠帳篷，撐起生活，裡面圍坐著一家人。

小孩都坐在木頭車上玩，對我們這些陌生人的闖入感到好奇。但可從眼神裡看得出來並不喜歡。無數的二手紗麗像色塊一樣攤放在地上兜售，樣式各異，不過因為來源不明還是慎買。

一頭白水牛悠閒地曬太陽，身上繪有奇怪的圖案，估計是作為祈禱用途。由於牛被尊重為神靈，當地人是不會宰殺牛隻作為食物，只用在耕種和供奉。

之後車駛進一座小村。遙遙長路，兩邊盡是彩虹色的房子，顏色繽紛得令人眼睛一亮，實在很佩服印度人用色的大膽。大概由於炎熱，所以人們都喜歡搭一木床在屋外，圍坐在一起，談笑風生。亦有人乾脆在自家門前擺賣紗麗，一下子便呈現出印度的生活縮影。但是我不明白為什麼家家戶戶旁邊堆放了一些如糞便的泥團，上面還插了竹竿，招惹了許多蒼蠅。

地色 彩虹屋
各自在自家門口銷售紗麗.
但其實都是二手的. 很髒.

隔日早上，我們吃過早餐便出發去齋
蒲爾。

我的頭髮好長好長！

習慣，長年累月，總是用同一種香味的沐浴乳和洗髮精，
覺得這樣身體會殘留並混合少許甜味。
但在這裡，不堪一擊。一切都被咖哩味覆蓋了。

Agra — Jaipur
on the road.... 從阿格拉一齋蒲尔...
沿途嘉景...

路邊水果攤

祈禱用的花車.

↑ 形形式式的油罐子

賣油的小車
上面都是小油罐.

賣雜貨的小車.
上面有一包色的小零吃.
籃裡也有裝小餅乾

甜得太過分

從阿格拉到齋蒲爾，沿路上，滾滾紅塵，隨處可見擺攤的印度人，大都是販賣水果和油，也有販賣東西的馬車。油罐上總是有些好看的圖案，並排起來像七彩的牆。也有賣祈禱和祭奠用的小花圈，很漂亮，堆疊起來已是很好看的裝飾，這些攤販一般是上了年紀的老人或者婦女。常見推著小車悠閒看報的商人，車內堆滿了圓形的小膠罐，裡面會放著一塊塊的餅乾和糖果。印度小孩偶爾會聚合在推車前面，一顆顆小小的黑頭聚在一起，不知道他們喜歡些什麼口味……。

想起前日，印度朋友曾請我吃甜品，那是在新德里看起來很乾淨衛生的「甜品店」。這裡提到的甜品和我們吃習慣甜度剛好的糖水不同，那是一種難以形容的超級甜，感覺是完完全全的滿口糖。現在只要一想到那股甜膩得過分的味道，仍會有一種顛覆胃部的感覺。所以，在印度的「甜品店」應該指售賣超級甜製品的店，各種顏色和形狀都有。像水果的、動物的，似乎都很吸引人，但吃下去，基本上都是甜得想立刻吐出來，而且應該添加了很多色素。印度朋友卻吃得有滋有味，果然，不同民族的口味還是有很大的差異。

發現很多花花綠綠鋪放在地上的手工傘，與印度女子的紗麗混搭在一起，一朵朵像花一般地撐開，看起來是她們親手縫製的。隨處亦可見售賣半導體、生活用品及皮帶的小販，與售賣摩托零件和太陽眼鏡的小販一起擺賣，像是一條龍式的服務。

常見印度男子騎著本田摩托車，戴仿雷朋的墨鏡，梳中分的頭髮，油膩膩卻飄飄的，皮帶束在腰間，神色高傲地在路上奔馳，捲起了沙塵。這大概就是印度男子漢的感覺吧，一開起摩托車就要精神奕奕的。

I love the umbrella...
But I do not buy it.
Because so beautiful..
I will just put in the house
and not us...

賣布製手工雨傘的小攤佳...
也賣布製的小掛燈

in Jaipur. people on the road
sale so many thing...

Jaipur 路上沿途.
售賣小電器. 雜貨頭盔、眼鏡等的小攤檔
皮帶和眼鏡都很 80's 老款.

風之宮殿

很快地，視野闖入了一片粉紅，我們來到了傳說中的粉紅色城市（Pink City）——齋蒲爾。

中世紀以前，為了迎接英國威爾斯王子的到來，齋蒲爾王才下令把舊城內的建築都漆成粉紅色，並在建築的四周繪上白色的圖案和花紋，成了日後城市的標誌景觀。

在我看來，想像中的齋蒲爾顏色應該再鮮豔些。大概是年月久了，城市裡的粉紅色也蒙上了灰。在城的入口不遠處就可以見到風之宮殿（Hawa Mahal），據說無論站在宮殿裡的哪個角落，都可以感覺到涼風緩送，那裡其實是昔日宮中妃嬪窺視民間生活的地方。站在風之宮殿的每格窗戶旁，都可以清楚俯瞰到外面的世界，而毋須擔心被別人窺見她們的容貌。最高一層的窗戶，一般是專屬於寵妃或皇后，其餘的也會按妃嬪的級別而分高低。

這是我真心覺得美麗和奇特的建築，但又覺這一個個小窗戶奪去了女性嚮往的自由，便覺得不喜歡。我也無法想像失去自由的女子還能擁有多少甜夢，但真實或許有如舊印度電影般，宮內上下妃嬪相處歡娛，穿起瑰麗的紗麗，歌舞融洽。

這裡也有購物天堂

從城入口兩旁，沿路建築有點像粉紅色的騎樓，都是樓上是民宅，下面是店鋪的格局。長廊連接在一起，形成人行的通道。從頭到尾大都是做珠寶及嫁妝生意的店鋪，裝潢乾淨。在這裡見到不少穿金戴銀的生意人，手裡都是裝滿貨物的大布袋，亦有賣紗麗的小店，都忙得沒空招呼，有不少大象體形的婦女在搶購。入店前要懂規矩，脫了鞋才能進去。在印度，做布藝的商店一般都在地上鋪了墊子，他們都是坐著談生意的。

管家說，這裡生意最好的是嫁衣店（也是紗麗款式的），也有最好的裁縫師傅。嫁衣上面通常用手工繡上金線花紋，高價位的或便宜的都有——很多印度姑娘都喜歡買一件專屬於自己的嫁衣。

另外還有賣印度特色手製鞋子，店內的鞋子堆得比山還要高，真的很驚訝他們是怎麼記住鞋子擺放的位置。大家要切記講價和貨比三家，因為是純手工的關係，所以製作複雜和用料越多的會越貴，而且圖案和紋理、顏色，組合基本都不一樣。不過，我又常於極端矛盾又想貨比三家的情況下錯過了好幾雙。

在店門走廊和樓梯間塞滿了賣蔬菜水果的小販，牛和摩托車綁在樹邊，分不清楚哪一匹才是座騎。偶爾還會有一些印度人向你兜售樂器，10盧比的手指鼓很吸引人。但每次我都怕麻煩直接搖頭就走，事後又想，哎呀，才10盧比。真的好便宜！

...what i buy..
....in Jaipur...

齋蒲爾是購物天堂!

UMAID MAHAL HOTEL

各式各樣的印度小皮鞋.

切割很薄的小牛皮和羊皮.平底穿起來很舒服.

高級定製珠寶

吉祥符号的紀念.Tshirt.

編織染造成的手提袋(象米.油片與廣告很多)

不同大小及亮頭色的小枕頭(手工製)

各种亮顏色的啊里巴巴褲.及圍巾.紗麗等.及印度式長裙.

銀器金器俱多

齋蒲爾城裡的市井生活

　　後來決定冒險，走了小路。貌似是專賣供奉及祭奠用品的小巷，陽光透過樹和帳篷交錯下變得斑斕。明顯地感覺到周遭印度人用很奇怪的眼光在看著我們，大概他們也察覺到我們誤闖了，一般遊人是不會在這裡出現的。

　　我以很便宜的價格買下了這張好看的印刷紙品，像傳統的老式版畫印刷技術。但並不清楚實際繪畫的意思，是保佑還是歌頌神靈？

　　後來這些從旅途上收集起來的畫片，都成了日後印度藝術展覽的重要創作元素。

讓人驚豔的旅館

幸運地，在齋蒲爾住到夢幻般的旅館，我們既驚訝又興奮。

無論是室內復古家具或者配色，都與當地建築特色配搭，牆上有不少手繪印度花紋。燈飾很別致，有些應該是老古董。外面是陽台，可看到附近的平房。

脫了鞋子，洗澡後，平躺在用小鏡片做裝飾的單人床上，喝著不加檸檬的氣泡水。看著掛在天花板上老樣式的銅製風扇，在一圈一圈慢慢地轉動，額頭的熱也散得舒快，總算鬆了口氣，一洗之前對印度住宿不佳的惡劣印象。這絕對是整趟印度旅程中，住得最舒服、最滿意的一間旅館了。

後來我把西塔琴拿出來，按自己感覺嘗試摸索去彈，只能彈一點點單音，很難聽，這才發現和平時玩的吉他完全不一樣，有點把我的三腳貓工夫難倒了。

Jaipur
齋蒲爾
UMAID MAHAL 酒店
最讓人開心的特色酒店.
在萬分粉紅之主感!!

浴室內的小拱門窗.
有金色的花紋和白色玻璃.

窗簾花紋
Curtain

UMAID MAHAL 酒店
非常可愛的一家旅店.
像小公主的房間.
復古吊燈.
和滿屋花紋手繪牆

花紋 阿阿花紋!
UMAID MAHAL 酒店花紋手繪.

青花瓷磚.

几何組合瓷磚.

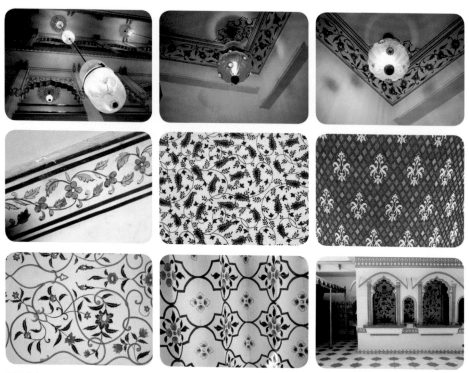

形形式式的燈與花紋。

UMAID MAHAL 旅館

地址：C-20 / B-2 Bihari Marg, Jai Singh Highway, Opp. Lane of K.P. Automotives, Bani Park, Jaipur - 302016, Rajasthan (India)
網址：www.umaidmahal.com
電話：91-141-2201952

齋蒲爾其實是一個旅遊觀光購物城，相對於其他城市來說，這裡的店鋪種類較多，包括服飾、食物、生活用品、鞋子和珠寶，且店鋪的陳列整齊乾淨，終於可以稍微放心地購物。

除了婚嫁用品外，珠寶始終佔了很主要的銷售市場，齋蒲爾盛產寶石和加工，很多人都喜歡在這裡訂作寶石首飾，但面對遊人卻依然是喜歡漫天開價。

白天我們都把時間消耗在觀光和購物上，晚上則留在旅館，在頂樓享受用餐。坦白說，連日來旅途奔波，合胃口的食物不多，咖哩基本是唯一的選擇。本來已經準備隨便吃吃，但齋蒲爾旅館的食物竟然美味又豐富，而且選擇亦多，實在讓人驚喜，果然是遊人最熱愛的城市。

每天晚上，都有一隊印度舞者在表演，他們看來互動親近，應該是很好的伙伴或者家人。印度男人通常蹲著伴奏小鼓和手風琴，女的都是穿著閃亮的紗麗隨樂曲起舞。

20th
on jaipur
UMAID. MAHAL
Hotel.
8:00 PM.

　天氣實在太熱，翠鳥啤酒是我的飯後消暑良品。所貪的就是凸印印歪了的杯墊，用它來畫了好幾張畫，送給穿著紗麗跳舞轉圈圈表演的印度姑娘。她們臉上塗了厚厚的粉底，汗水融化掉眉毛的彩妝，扭動身軀的姿態卻很美。紗麗的材料看起來很劣質，有些被燻黑的地方。後來才知道頭頂火罐也是表演的一部分，心裡就覺得有點難過，所以每日給他們的小費都會很多。

　因為印度人普遍英文不太好，難以交流。最後我給她們每人畫了一張，看她們笑得燦爛，小心摺疊好地收下，應該是很開心的。

　她們總是邀請我一起跳（也是因為願意一起跳舞的客人實在不多），我就把自己當作完完全全的遊客，反正誰也不認識誰，腳、屁股和肚皮都跟著搖擺就是了，只是手腳不靈活，自己也覺得跳得很奇怪。

消失光澤的黃金城堡

　　根據朋友的經驗，還是建議我們在齋蒲爾找一個高級的導遊，因為當地有很多加工布料及珠寶的工廠，也有賣古董和二手物品的市集，但並不是完全開放給遊客的，所以沒有熟悉的當地人帶路，估計就只能走走普通的景點。經熟人介紹，我們聯繫了當地一個價格比較貴、鬍子很濃密的導遊 Hussain，他也兼職賣珠寶。我們稱呼他為：鬍子導遊。鬍子導遊把褲子提得高高的，鞋子也擦得特別亮麗，梳貓王的髮型，說話時總是收腹挺腰，自信滿滿。既然有人安排旅途，我們就稍微放心了。

　　一早，我們就出發去琥珀堡（Amber Fort），上山去。離開粉紅色的市區越來越遠，建築顏色漸黃，沿路沙塵滾滾，都是黃泥。山路地勢居高臨下，由護城河圍繞，車多象也多，因為山路崎嶇，所以很多人會選擇座騎大象上山。遠遠可以看到山脈上有幾隻龐大的黑黑的東西，畫面很超現實。導遊建議換一台吉普車，有種在越野奔馳的爽快感覺，真好。

　　遠遠的便看到山頂上的琥珀堡在陽光下像一塊失去光澤的黃金，導遊說這裡曾經是昔日的首都，也是堪稱印度第一大的城堡，但後來因為水源不足，國王和居民漸漸遷移，才形成了現在的齋蒲爾市區。我們選擇了人少一點的側門進入。售票的地方蹲滿了大象，搖著鼻子懶洋洋地休息。鼻子上的皮膚有白白的一塊，像失去了顏色，據說這是因為長年繪畫顏料的原因。放象人有些是少年，應該比我年紀小，卻長得很老成，能「駕駛」大象是我很羨慕的一件事。

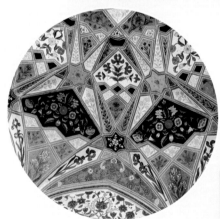

猶如置身於萬花筒般的空間

最讓我欣賞的是琥珀堡的屋頂，顏色和繪畫的花紋是我所看過最喜歡的，像少女的薔薇顏色，卻帶著幾何切割，分成了如萬花筒般不同的面。至於城堡裡，也只是走馬看花，大概是之前看過太多的宮殿，對於華麗的壁畫、閃耀金光的器皿和各種兵器早已司空見慣。

讓人略微驚喜的是「萬鏡之宮」（Sheesh Mahal），從頭到底都由鏡片組合而成。鏡頭是捕捉不了它的神奧，光是影子在無數的鏡片下重複折射，就像進入了超現實的、更明亮的空間。其實我並不是特別喜歡處於鏡子折射的空間裡，總覺得玻璃帶給我不安全感，好像牆壁也不能依靠，鋒利得會把體膚刮傷。

健步如飛的大象

還沒過正午，我們便急著下山，向賣二手舊物和古董的地方出發。路過象群，有好幾隻大象的耳朵和臉上都繪滿了慶祝 DIWALI 排燈節的花紋，象的身高是我們吉普車的兩倍。我喊：「Stop! Stop!」車還沒停下，我已經打開車門跑出去，邊跑邊拿出相機，身上的布袋沒纏穩，筆記本和小雜物丟了一地。那一刻我才發現，粵語裡我們所說的「大笨象」其實不笨重，牠們甚至是健步如飛，大象走一步是我小短腿奔跑起來的速度。只有置身其中，才會感覺到牠體積的龐大，還能看到牠身上的寄生蟲、皮膚的粗糙以及散發的異味……一切如此不可思議卻又真實。

到達古董店，與其說這裡是賣古董的地方，倒不如說是一個藏滿古董的大倉庫。門閘是薄荷綠的顏色，在外面看來就像一個大工廠，鬍子導遊知會門衛後，才打開大門讓我們進去。

我無法估計總面積到底有多大，浩浩蕩蕩兩層高，從上到下都堆滿寶物。也有現場加工的寶石桌面，用人工把一塊塊寶石小心又麻利地嵌入桌面。想起來自己還真大膽，幾乎把大小房間都搜看了一遍，有些物品實在太奇怪了，不敢打開，但獵奇的感覺真讓人興奮。我唯一感興趣的是各種造型的西塔琴，有些是貯存器，也有些是擺設，看起來手工感很重。

店主熱情推銷，但我始終對印度風格的古董不太喜歡，最後基於不好意思，與朋友各自選了一個手繪的星宿銀吊牌。店鋪的地址店主也不願意公開，估計平時專做富豪遊人的生意，有專門的推銷管道，不太在乎我們這些小客戶。

古董大倉庫。

Handicraft and antique place
古董店

旅途上的小思索

回到旅館，太陽仍未下山。鬍子導遊建議我們去稍微遠一點的地方晚膳。當地一家昂貴但裝潢很傳統據說是很出名的餐廳，我們點了咖哩雜菜但依然吃不太習慣。很抱歉，由於我實在無法分辨出好咖哩和壞咖哩的差別，所以旅途上的餐館其實也沒有幾家我特別喜歡或者特別想推薦的。唯一的建議是，盡量在旅館裡用膳，少吃肉食，多吃素菜。可以根據自身情況吃些蒜頭和辣椒，可殺菌。注意水源的衛生，多飲用瓶裝水。

我與朋友越來越可聊的話題不多，從人生到理想，大部分在路上都已經聊過了。剩下的感情部分，複雜的故事和八卦過後笑笑又忘記。涉及到三觀的：人生觀、價值觀、消費觀，我覺得每個人來到印度遊歷後都會有很大的改觀，因此我們開始有些爭論。我的看法是，我們其實不知不覺受到西方文化所影響，從禮儀和生活舉止，即使形式和方法不一樣，但體系是一樣的。電視和媒體以及網路都讓我們視野開闊，我們從小也不知不覺了解到其他國家的情況，也愛分享娛樂、文化藝術、音樂等，同時受到進口外國食物的口味影響和馴化。所以在其他國家，即使彼此不同語言，膚色也不一樣，總覺得能溝通，而且想法多少依然有共鳴。

但在印度，始終處於半封閉的狀態，當然這個也是對於中國而言的。無論網路、報紙媒體、可以了解到的文化和資訊很有限。雖然近年越來越多印度電影進入國際市場，但其實都是根據好萊塢的模式，滿足了消費觀眾。一旦踏足印度這片土地，就會發現電影與人生始終有很大區別。

沿路接觸到的印度人，除了旅館有受服務性行業訓練過的侍應外，往往有很大部分的陌生人會讓我突然無法反應過來。大概是因為印度人有屬於自己的一套很獨特而且傳統的思維方式，以及完全神話化的宗教信仰，乃至影響到生活條件和品質、消費價值觀念等，也與一般東南亞國家不同。我總是在懷疑自己是不是打擾到他們的生活，有種誤闖了他們範圍的感覺。

開始以為地球絕大部分的伙伴或者生活狀態都是一樣，是容易溝通的。但是來到印度後才發覺並不是，種種細節都會讓人產生疑惑或者不適應。現在才明白之所以形容印度為神奇的國度，其實指的也是印度人的思維狀態吧。算了，或許是我太敏感想得太多了，不如再喝一杯啤酒更痛快。

超熱賣商品的祕密

from

ANITA ELBERSE——著

許恬寧——譯

HIT-MAKING, RISK-TAKING, AND THE BIG BUSINESS OF ENTERTAINMENT

哈佛商學院最受歡迎的教授告訴你娛樂產業的超強檔策略
如何翻轉長尾理論,引領贏者全拿的世界

超熱賣商品的秘密

2013年亞馬遜年度好書獎
2013年《環球郵報》最佳商管書

你可以擁有長尾策略，但你最好有頭部，因為所有的營收都在那裡。
——Google執行董事長 施密特Eric Schmidt

過去十多年來，哈佛商學院的娛樂產業專家艾妮塔‧艾爾伯斯，就媒體與體育世界進行了前瞻性的研究。她在這本開創性的著作中，指出在競爭激烈的娛樂事業中脫穎而出的關鍵：看似風險極高的「超級強檔策略」——也就是製作成本與行銷費用極度高昂的電影、電視節目、歌曲、書籍——其實是最能確保長期成功的途徑。

本書揭露為何娛樂產業通常會耗費鉅資尋找下一個超級強檔商品、為什麼超級巨星可以得到一般人難以企及的報酬，以及數位科技如何改變娛樂世界。最終，在數位科技的引領下，世上所有產業皆為演藝事業，所有產業勢必都得學習娛樂業的原則與做法，才能在激烈競爭中脫穎而出。「長尾理論」已面臨重大修正——真正的營收都集中在頭部，擁有長尾無法幫你打造真正成功的事業。

作者艾爾伯斯深入世上最成功的娛樂品牌內部，取得大量真實故事與案例，提出前所未有的第一手資料。要了解娛樂產業的運作模式，以及今日的商業世界該如何向娛樂產業借鏡，在所處產業推出「超級強檔商品」，本書將是第一本必讀的重要著作。

作者 艾妮塔‧艾爾伯斯（Anita Elberse ）

哈佛商學院林肯‧法林工商管理教授（Lincoln Filene Professor of Business Administration）。她是校史上最年輕就得到終身職的女性教授，作品散見《紐約時報》（*The New York Times*）、《華爾街日報》（*The Wall Street Journal*）、《綜藝》（*Variety*）與《財星》（*Fortune*）。目前定居麻州波士頓。

定價350元

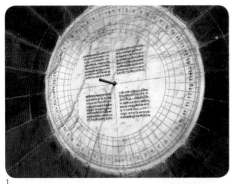

1 天文博物館裡的星象對照輪盤。
2 古老的牧羊座繪畫。
3 古老的星座繪畫。
4 城市宮殿博物館裡的鳥金幣。

抬頭見星宿與鴿子

第二日參觀建於十八世紀的簡塔·曼塔天文台（Jantar Mantar），它位於市區中心風宮後面，裡面珍藏了很多不可思議的大天文儀。巨型的大石頭天文儀堆滿了整個廣場，以前沒有精準的科技儀器，印度人都是靠各種石頭，根據陽光和月亮的影子去推算時間。稍微感興趣的是代表每個星宿的繪畫。找到自己的星座，是看起來很笨拙的牧羊座。

後來順便參觀了旁邊的城市宮殿博物

館（City Palace Museum），建於1728年，直到1759年才開放部分讓公眾參觀。收納了歷代宮殿典藏的各種珍稀的物品，也有古代武器、絲綿紡織製品、國王親筆手稿、宮殿日用品等，感覺就像歷史藝術價值的巨大數據庫。

在印度，鴿子永遠是伴隨在你頭頂的老朋友，從城市宮殿的入門，像列隊一樣站滿了小灰鴿，就像是牆壁圖案的一部分。我常常在想，怎麼樣才能避免鴿子先生隨時落下的糞便呢？

流浪木偶匠人

離開城市宮殿的時候，聽到側邊布簾外頭的小空間傳來音樂聲。探頭看見木偶娃娃掛滿了一面牆，木偶有分男女姿態，都穿著紅色紗麗，像婚禮服。木偶的雕工不是很複雜，五官都是手繪的，手腳由紅線懸著，是可以操縱的戲偶。

兩個印度小男生招呼我們進去坐，其中一個長滿黑鬍子的印度男生，頭綁著彩色頭巾，脖子上繫著黑色項鏈，仔細看是用木雕刻的太陽，裡面有一個像 NIKE logo 的小勾。

聊天後才知道他們年紀都比我們小，只是印度人看起來的感覺會更老成些。他們以賣自己的手作木偶為生，也經常在這裡表演木偶劇。他說他們要演出

了，歡迎我們來看，於是就地盤腿而坐彈唱起來。樂器是印度常見的手風琴，用手一開一合的時候會產生氣壓，就會發出聲音。一口氣演了三劇，木偶操縱起來一點也不笨重。其中最好玩的是講述一個印度鬼丟了頭顱的故事，又很懶得去把自己的頭顱找回來，在哎呀哎呀地糾結。整首歌劇都是哎呀哎呀的調子，怎麼會有這樣好玩又奇怪的劇情呢。

我跟木偶匠人說想把拍下來的照片發給他，他說自己並沒有電腦也沒有電郵，也沒有固定地方居住。但是如果再來，可以打他朋友的電話找他，然後隨手用筆把號碼寫在牆上。離開前由於沒有零錢，就買了一對娃娃做紀念，後來這對娃娃也隨我的行李箱回到了中國。

Jaipur
City palace
Puppet toys !!

手工製的
布大象和
挂鍊木不
要錯过哦.

木偶玩具

我選的·對皇上和皇后.

City Palace
在城市宮殿里有表演木偶劇的民間藝人. 木偶喜欢可买一對回去. 純手工製,每一隻都不一樣.

就静心坐下來欣賞一場精彩的木偶劇吧!

畫匠的巧思

對我來說，來來去去金光閃閃的收藏品並沒有像壁畫那般吸引我。誤闖了一個城門發現畫匠在修補顏色，一筆一心思，以蓮花和孔雀的繪畫組合，貫穿了所有的圖案和建築物。以顏色區分了區域和層次，幾何切割的運用讓構圖顯得工整、合理。

參觀布藝工廠

一路上，我們都是和印度朋友的管家及司機同行，車廂裡還包括鬍子導遊，共五個人。偶然管家會私底下向我投訴鬍子導遊，勸我們不要聽鬍子導遊的意見。好幾次從管家與鬍子導遊的對話裡聞到了火藥味，好像印度人之間也不怎麼信任彼此。而我們是遊客，語言也不通，就更無法判斷。只覺得他們話很多，總是一路嘮叨，又轉過來看我，看我聽不明白又繼續囉唆。我必須把耳機戴得穩實，才不會聽到。我其實只想安靜地看看牛羊。

後來想了一下，大概是因為每日我們都會給司機和印度朋友的管家小費，讓他們自己照顧好自己的飲食。可能他們認為我給導遊的費用太多了，多出他們兩個人的總和而不太開心。實際上也我不太清楚他們平時到底睡在哪裡，特別到達每個城市之後，晚上是不是會留宿在其他便宜的旅館或者就直接睡在車裡呢？也看不到他們平時的飲食，好像他們一直都守候在車子或者我們附近一樣，這都讓我感到很疑惑。特別是一天的早上發生了一件我不太明白的事情，管家告訴我車廂後座靠左邊的椅子靠背被偷了，要我們賠償司機。這是我完全覺得不合理但又無法爭論的事情，我確實不明白在車窗關得好好的情況下，靠背是如何會被偷去？如果真的有人偷，為何又只偷靠背？突然又想起早上拜託管家買的印度手機充值卡，零錢還沒找

我。雖然不多，但感覺好像所有多餘錢都被理所當然地當作小費了。但想想，沿路他們也辛苦，無非是求點小財，也就不作追究了。再多想只會造成旅途的不愉快。

到了中午，鬍子導遊建議我們去他朋友的地方吃午飯，順便看看手工印布。管家不太願意，但看我們沒提出異議，就隨我們去了。我們到了一個布藝加工的工廠，招呼我們的是一位帥氣的、穿襯衣梳油頭的印度小生，說著不標準的印度英文，帶我們進入工作坊參觀。

與期說是加工布藝的工作坊，更像一個大牛棚，只是牛在外面人在裡面。在一張沾滿顏料的桌子上，散布各種不同大小的印章，旁邊站著一位瘦小的印度老先生，看來是習慣了遊人來訪，一見我們走進來，就開始手法熟練地運用小印章蓋著，瞬間便為我們印出了一頭象。顏料是使用植物製作而成，染色後需要洗刷才會顯出真正的顏色。陽光下瞬間變化顏色的染布，顯得很神奇。其實我更感興趣的，是工匠是如何準確地判斷顏料顏色的變化和位置。怎麼可以如此有系統地完成大面積的染布。染布就像珍貴的藝術品一樣，但一切卻是在如此簡陋且高溫的工作坊裡完成，可見工匠在印度的階級體系裡，是不被看重的階級。

 CHANNI TEXTILES
紡織品店

鬍子導遊也是珠寶店老闆

我們在工廠的飯堂用餐，是很家常的咖哩，當然繼續也是咖哩，唉，永無止境的咖哩。鬍子導遊也和我們一起吃，可見鬍子導遊其實和老闆很熟悉。原來這位白鬍子胖胖的印度先生就是工廠老闆，看見年輕陌生的小姑娘來了，而且是黃皮膚的，自然就親自熱情招待。他跟我們說很喜歡中國，中國的客人總是很喜歡購物。他問我是否已經結婚，我告訴他我是畫畫的，和藝術結婚了。他

呵呵笑，說多可惜，然後問我可不可以給他畫個人像。我想，反正，飯菜還沒上來，又掏出白紙畫起來。

隨身帶的其實是 MUJI 的白紙。看到喜歡的友善印度人，我都會畫下他們的人像，以畫交友。我也不確定他們會不會真的記得我，但肯定的是，他們每次收到畫都會開心地笑，這就夠了。果然，白鬍子胖胖印度先生笑起來，但是鬍子太濃密了，我看不清楚小嘴巴在哪裡。

textiles shop!!

CHANNI TEXTILES.

印章

不要錯過的人手造紡織品.

招呼我們的老店主人.

鬍子導遊其實早已看得不耐煩，悄悄問我可不可以也給他畫一張。當然是欣然答應。但我並沒有當場畫完，而是留到在這段旅程結束後，作爲紀念禮物送給他。我寫了很多祝福語，無論途中發生什麼事，這也是一段有趣的旅程。

後來我們參觀了購物展示區。當然，鬍子導遊帶我們來這裡，目的也是讓我們購物，天下沒有免費的午餐。

在領教了大面積的印布陣列攻勢後，高難度的手工刺繡布更吸引我。後來也參觀了鬍子導遊自己開的珠寶店，目的當然也是帶我們購物。感覺那是個隱祕的加工廠，在平房的地下室。外面停著老式的機車，很有 80 年代太妹和油頭青年去冒險的感覺。想想，反正價格也不貴，就給媽媽訂做了一個銀鐲，上面有黃色的寶石。一方面我是喜歡，再來已經進入他人控制的領域，任人魚肉是很基本的事。還好。都只是求財。

Draw by POPIL.

HUSSAIN MOHD.
2009·10·20

THANK YOU!!!
you are the funniest
man we know in
India!

ASIAH JEWELLERS
www.silver7gems.in.
定制珠寶店

臭臭的 Henna

當晚，我們啓程回去新德里。六個小時車程，打算回到太陽星大旅館過一晚，第二日再坐飛機去瓦拉納西。因為在齋蒲爾是沒有機場的，而我們也不能直接從齋蒲爾開去距離很遠的瓦拉納西，再來我們的行李還寄放在同一個旅館，也該是時候回去看看了。

回去前，我堅持要去嘗試身體彩繪（Henna）。管家就帶我到附近市集的路邊攤，周圍都坐著小板凳畫 Henna 的人，可能不需要太多工具，有些更乾脆盤腳坐，把圖案在地上用粉筆畫出來讓客人選擇。我選了一個笑起來會露出虎牙的印度小男生，因為他有兩張小板凳，可以讓我坐著給他畫。各式的圖案都是列印出來的照片，放在文件夾裡讓客人挑選。相對來說，這個已經是感覺最專業的小攤檔了，幾乎不用講價，才50盧比，就畫滿了整隻手臂。

據說當地女子在祈求保佑自己家人和丈夫的時候，都會在手上畫有寓意的圖案。我則是貪玩，錯過祈求的事情。我挑了一個看起來很複雜的孔雀，還沒來得及拍照，那位印度小男生已經畫完了，感覺就像在做蛋糕，擠奶油一樣。只是擠出來的是會給皮膚染色的植物汁

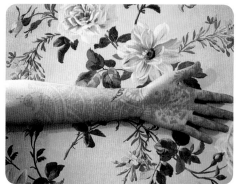

幾站旅途下來，我已經黑了一圈，稍微曬出點印度味。

液。顏料乾了後，我的皮膚有點發癢和過敏，待表面那層黑色染料乾了脫皮後，剩下的就是滲入皮膚呈暗紅色的植物性染料。當晚半夜，不知道什麼味道很臭，以為床上有什麼不乾淨的東西，才發現臭味來自手上的 Henna，發出超乎平常的植物腥味，我必須壓一個枕頭把手裹起來才能入睡。

想想在路上，路途疲倦，好幾次在車上醒來都見到牛群，也看了不少駱駝，總是覺得很安心。曾經有幾次被警察攔截過，看到在後座的我們是遊客，也欺負我們是女生，便強行徵收過路費。有些事情就像墨水一樣黑得無法避免，只能照給。

中途司機先生在附近的城市停下，買了一件禮物給在異地的妻子。據管家說，司機先生和家人都是住在不同的城市，他們只有在節日時才能回家，讓我們都覺得當司機真的很不容易。可是這邊廂，管家又建議我們多給點小費給司機先生，對他們的好感也就全消了。

哈，相比接觸人，我更喜歡接觸動物！

幾站旅途下來，我已經黑了一圈，稍微曬出點印度味。
那種，嘿嘿的黑黑的感覺，在我的皮膚上，
成了新的保護色。

為什麼我 總是嘿嘿的

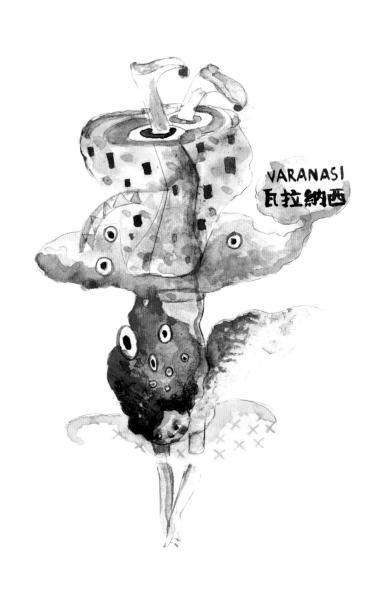

VARANASI
瓦拉納西

瓦拉納西 Varanasi INDIA. DAY.1 印度...

I with madi on the road. only two girl...

We are on the road . 在路上.

INDIA VARANASI spicejet PLAN ticket

Name He Zhuo Yin
Address
Destination Delhi
Flight No. SG 119

spicejet.com

Varanasi Airport

聖城的兩極

　　一大早，我們便出發去機場，從新德里飛往瓦拉納西。乘坐的是 SPICEJET 航空，是直航的班機。印度火車經常會誤點，所以出行選擇飛機始終比較省時快捷。建議機票提前直接在網路向航空公司預訂，會省去不必要的代理手續費。

　　既然叫 SPICEJET 航空，所有一切都應該是辣辣的吧。果不其然，總覺得連座位都被薰出一股辣咖哩的味道了，氣味複雜得像是走進了煮咖哩的廚房，可是始終不知道咖哩味是從哪裡來的。

　　到達瓦拉納西機場，有種來到一個小型巴士客運站的感覺，這裡應該是我去過最小的機場了，遊客很少，以當地印度人居多。大家都熟練地在同一條輸送帶旁邊等待搶自己的行李，我與友人完全擠不進去，只能踮著腳看。這裡完全沒看見保安人員，外面的人也可以隨便進來，讓我有點擔心。稍後，旅館來接機的人到了，就一手把我們的行李從人群中扯出來，然後帶我們到機場旁邊

的停車場坐車，這時才知道他並不是司機，而是專門幫客人拿行李的跑腿。當然，在未給小費前，車門是永遠不會為你關上的。

曾與朋友討論，很多人都會帶著喜歡或者討厭這兩極的態度看待瓦拉納西這個印度的聖城。討厭是因為城市本身的髒亂、交通的無序、牛群搶道、人群擁擠。而喜歡則是由於城市充滿了濃厚印度教的傳統哲學與宗教儀式的氛圍，以及印度當地人的虔誠、堅持與執著；或不斷有朝聖者寄居、追尋自由的嬉皮士自治區，抑或是繁榮的市集裡，大量的手工製品和色彩豔麗的花布和傳統服飾等等。

行經迷宮一樣的小城鎮古巷，穿越牛群、也穿越過印度人好奇的眼神——恆河就那麼坦然地出現在眼前，讓人靜下心來，把腳步放慢。那些朝聖或每天堅持到恆河洗擦淋浴的印度人，虔誠又認真地重複著他們必做也必須做的儀式。無論有沒有宗教信仰，放慢腳步才是最能融入這座城市的方式。

關於住宿的安全

越是接近市區，發現寬闊的公路越來越少。三輪車、摩托車，還有馬、牛都是主要的交通工具。瓦拉納西和其他城市不同的是它更有生活感，這是還沒有完全開發的地區，由幾個主要的市集所形成。瓦拉納西是以旅遊觀光業為經濟重心，它不像其他城市，有著貧富懸殊的社會現象，我的感覺是更喜歡這裡。

後來思考，覺得這其實和朝聖有關。數千年來，瓦拉納西依然保持著神祕又濃厚的印度教傳統哲思與宗教儀式，無論是生活在這裡，還是從世界各地前來朝拜及參與祭奠的印度人，大都擁有虔誠的宗教信仰，以修行的心來到這裡。因此，使得這個城市的生活規律接近自然，卻又有不一樣的純樸。

到達旅館已經是中午，到底入住哪一家旅館較能確保自身安全，很抱歉我無法給你很好的建議。我們所住的旅館在瓦拉納西已經算是比較貴的旅館，也不屬於背包客類，大概 780 元人民幣（約合新台幣 3700 元）一晚。但旅館依然不供應還沒開瓶的礦泉水，沒有空調也沒有熱水。房門不怎麼牢靠，好像很容易就會被打開，窗戶也沒有上鎖；枕頭和被子當然也有咖哩味……但是，它至少是一個盒子，可以容納我們在裡面。所以我放棄介紹和推薦你，因為好壞在印度是沒有準則的。

假如你不擔心被搶或者隨時被人誤闖打擾，可以住在恆河河畔的背包客旅館。選擇有很多。據說其中有幾家是日本人開的，衛生條件稍微好些，但常常客滿。

我們到旅館 check in 的時候，旅館小開熱情地為我們介紹他們的旅館，並且高興地告訴我，他們這家旅館經常有來自亞洲的姑娘入住。就在三天前，便有一個可愛的韓國女孩住在我們斜對面的房間，可惜她在山上被姦殺了。說話的時候，他的笑容很燦爛，只是我們完全無法理解這算是忠告，還是在開玩笑。後來看到新聞，才知道這是真實的事。我們應該害怕嗎？天氣太熱了，無法好好思考這個問題，而且由於旅館位處一個十字路口上，嘈雜聲從未停止過，晚上也都睡得不好。

DAY.2

Varanasi
Ganga River
恒河

恆河，就在前面

第二天，我們向恆河出發，路途有點遠，決定乘坐三輪車，旅館指示了路徑和方向，我們也畫了手繪地圖給車伕。印度的網路不穩定，放棄你的 Google Map 吧。

旅館外面都是等候客人的三輪車伕，通常排好幾輛，會把出口的路也堵住了，如何選擇成了大難題，建議先走一段路再招一輛三輪車，這樣能確保車伕不會叫價太高（一般大概是 40 盧比）。不過，仍然會有溝通的問題，因為當地人基本上是看不懂英文的，所以出發前必須把想要去的地方都翻譯成印度文。在車上也不要隨便亮出手機拍照，

以防隨時被搶。

越過繁華的市集，我們開始進入各種小巷，路也越來越窄，依然未見到恆河，我們開始擔心起來。腦子還浮起奇怪的問題：車伕會把我們賣掉嗎？皮膚曬得黑黑的亞洲女孩值錢嗎？隨著看到牆上帶著寓意和祝福祈禱的繪畫塗鴉越來越多，我們才稍微放心，直覺覺得方向應該是對的。

突然，三輪車伕停下來，告訴我們從前面一條小巷子穿過去就是恆河，車是不能再進去的。我們付錢下了車後，還懷疑自己被騙了，以為前面是一條死路，後來才發現小巷盡頭原來接著一道階梯可以走下去。恆河，就在前面。

Varanasi:
BOat draws

many people wash on the Ganga River or wash clothes.

varanasi tigure of Buddha

隨處可見的苦難母神像。

漫步於恆河河畔，是體驗當地人生活縮影的最佳選擇。每天，從太陽起始到結束，都會有源源不絕的印度人來到恆河，他們相信恆河是一切生命之源。他們的生活作息都在這裡，無論是牧羊的少年，還是洗刷紗麗的婦女、穿布條作泳褲的印度大叔、挖掘河泥以製造蓮花燈座的孩童、為了避暑而把身體半藏在河裡的黑牛群、歇涼的山羊、撐船的白髮老頭子、把圖騰紋在臉上的虔誠聖者、穿麻褲的嬉皮士、分不清楚是在戲水還是在洗澡的少男少女、為親人舉行葬禮卻看不出悲哀神情的家庭，全都擠擠攘攘，還有停泊在河畔一艘艘畫有圖案、用來吸引遊客的小艇。

印度大媽亦忙於在恆河邊洗刷衣服，鋪在地面一件件晾乾，從遠處看成為色塊不一的風景線。在陽光下，所看到的事物輪廓總是顯得格外清晰，像是一幕幕的電影畫面。所有事情都好像是理所當然地存在，只為了不停地解釋各種生命狀態的過程。沿途遇到很多造型奇怪的神像，應該是由當地人朝聖的時候所製造的，配色都很豐富。

附近常擺放供奉用的食物和水，成了牛和驢最喜歡吃的「零食」。世界各地的印度教徒，歷盡千辛萬苦也要造訪這座聖城，淋浴淨身是上天給予的最大祝福。不管出生在何處，他們都期望自己能死於恆河畔，讓腐朽的軀體燒成灰燼，消融於恆河中，好讓靈魂得以解脫，輪迴轉世。印度教徒相信，生命的

開始必須了解禮俗，體驗塵世生活，然後慢慢離開諸多的欲求，由身體轉向心靈的提升，最後超越生死，達到了非凡的境界——梵。這種修行過程是印度教最終的理想。

走到人生盡頭的地方

對於被喻為聖城的瓦拉納西的恆河，一切的形容都是多餘的。自古以來，印度人都把恆河當作聖河，長約 6 公里的河畔共有九十餘個大小不同的河壇，臨岸穿插著各樣的寺廟和民宿。而每個河壇代表著不同的功能，水葬和火葬是分開的。

等等，什麼是水葬和火葬？對於完全

沒有好好做攻課就向印度出發的我，顯然是對瓦拉納西的朝聖、祭奠儀式一無所知。

當我知道要遊覽整條恆河，途中一定會經過火葬和水葬的地方，我的雙腳就開始發麻了，趕緊緊跟著友人的背後。俗語說「好奇害死貓」，我肯定是那隻又膽小、好奇心又重、總有一天會因為好奇而招惹到麻煩的貓。

該形容為髒嗎？沿路的恆河河畔，氣味總是異常複雜。在這裡要學會應付的，除了眼睛所能看到的髒，還有就是存在於四周的細菌和病毒（例如需要學會如何跟蒼蠅和蚊子打交道）。這裡長年堆積著數不清的垃圾，有些是旅人留下的，也有些是當地居民的生活垃圾。

河水渾濁，黝黑的河泥在淺水的地方總是格外明顯，分不清楚裡面混雜了多少人或動物的糞便，還有些生物腐爛的味道。那是從來沒有呼吸過的奇怪空氣。我忘記要準備口罩，只能用圍巾掩住鼻子，內外各一層。後來太熱了也習慣了，就乾脆不掩了。

沿途看到越來越多印度的流浪人，看起來身體也並不健康，應該是帶著被疾病所折磨的身體來朝聖和祈禱的。有些是與家人一起來，乾脆在河邊鋪了涼蓆，周圍放滿了包袱，就像把家中細軟全都搬來了。當中有特別瘦弱皮包骨的，也有些人身體用紗布包紮著，上面有些棕色色塊，看得出來應該是血液乾掉後的顏色。

雖然無法確定，但容易讓人聯想到他們由於太貧困或者其他原因，而無法得到治療。大概他們覺得生命反正也是會走到盡頭，就早一點來到他們所深信敬仰的生命之河，一切萬物輪迴起始的地方，也是他們在宗教信仰裡，能看得到、能抵達的盡頭。

恆河河畔上的牆壁繪有很多塗鴉，這些牆壁都特別粗糙，色彩也顯得特別豔麗，所繪的內容大都是印度的神話故事。我尤其喜歡這個角落，看得出曾經是聖城古蹟的遺址。過了幾天，陽光正好，我又去拍下一張照片。由於每天都

會經過這裡，只覺得那頭被捆綁著在旁邊的白牛狀況好像有點不太對勁。於是我再仔細檢查幾天下來所拍的照片，才發現白牛從一開始站立的姿勢，慢慢變瘦，直到最後只能跪坐在地上，也不見附近有餵飼的食物。而在牆角的同一個位置，原來始終躺著一個人，而且姿勢不曾變換，我心裡有股寒意。假設這個人是在這裡等待生命的完結，那頭白牛應該就是他唯一的家當。印度人視白牛為神牛，很少會用白牛來耕種，普遍會在白牛身上寫滿祭文。在這裡很少會發生偷牛事件，所以這頭白牛很明顯是跟隨著他的主人來到這裡，一同等待生命的結束。

安靜從容的火葬

　　我們從遠處便看到一堆人聚集在一起，人群裡冒出一些煙，中間堆滿了木頭之類的焦黑東西，周圍的房子也被燻得黑漆漆。一股有點刺鼻的、東西被燒焦的氣味，我不確定是不是聽到哭聲，越向前行，越感到不安，因為這也意味著，很快我們就會經過火葬的河壇。由於太過害怕，對於從來沒有親眼見過火葬過程的我，建議朋友先繞道。剛好旁邊也有岔路，我們就繞回小巷裡，繼續向同一方向前進。小巷通向市場，走在這裡，我們沒有感到被奇怪的目光所注視，販賣小吃和蔬菜的攤販，都各自忙著招呼客人，倒是路上的車伕和牛群都嫌我們擋路。

　　看來我們盤算錯誤，小巷的路不長，很快便走到了盡頭，到了一個賣木頭的地方。切割好的粗木段堆積成一座小山，旁邊放著一個秤重的大磅秤。老人圍坐在一起說笑喝茶聊天看報，一點都看不出這是一個做死人生意的地方。在恆河有個說法，火葬儀式只能燒一次，如果軀體還沒有被燒完，而火已經熄滅，就不能再次點燃，需要直接把屍體連同骨灰一起送入河裡。因此，火葬時所用的木頭一般都是選用大小適中的粗木頭，以便架起來的時候空氣流通，並具有足夠的燃料讓儀式能完整地完成。

　　我們又重回到恆河畔繼續前進。結果，一轉彎，正巧回到火葬的河壇，有種閃避不及的感覺。出於對亡者的尊重，我並沒有按下快門。葬禮儀式竟然如此安靜和從容，一點也不覺得嚴肅，更像是一個公開的儀式。現場沒有聽到哭泣聲，也沒有感覺到特別的傷痛，大家彷彿都相信這只是一個重新回到起點的過程。粗木被燒得焦黑，上面冒著白煙。

　　火苗在粗木上像是有規律地跳著舞的精靈，雖然誰都可以猜到木堆裡正在劈劈啪啪燒的是什麼，但是，我絲毫也沒有感受到對於死亡的畏懼和害怕。

　　我分辨不清，是我來這裡之前已經帶著心理準備，還是因為聖城的傳奇式神話讓我的潛意識去理解和相信這些儀式和過程。只覺得在這裡，親眼所看到和體驗到的，都是自然、可以接受的範圍。

　　曾一度害怕在穿越一個個河壇時會目睹一具具的生命流逝，但卻發現印度人對生死的理解是截然不同的。對往生的嚮往，亦來自於自然，並沒有過於哀傷的情緒，迎接的是虔誠的祈禱和祝福。

they burn the
corpse every day
near the Manikarnika
they look not sad
believe soul will
be exonerate . (Moksha)

MOMO 咖啡不賣咖啡

下午的恆河，是瓦拉納西最熱的時段，覺得連鞋子也快被地熱融化了，路人很少。猶豫了很久想選一家咖啡店休息，沿著河畔其實有很多選擇，但都是針對白皮膚的外國遊客，外牆上總是寫著大大的 PIZZ 字，也有很多 Music bar 或 coffee，但從外面看起來分明就是民宅啊！越往前走選擇越少，突然看到河畔一道較高的梯級上，一個看起來 4 坪不到的民居門口，撐起了一個小帳篷，擺著兩張小桌子和幾張椅子，旁邊豎立一個木板，上面用粉筆寫著 MOMO Coffee，看起來十分普通和簡陋。有三個外國男生坐在其中一張小桌子，應該是背包客學生。我與友人猶豫地越過了 MOMO 咖啡，但是想想實在也沒有其他更好的選擇，於是又折回。

MOMO 老闆是一個中年梳油頭的印度先生，時刻跟隨在他左右的是一隻叫 Jimmy 的野狗。老闆話不多，也不主動推銷，佔坐在一張塑膠椅子，抽老男人的菸，視線總是放在恆河上，偶爾喜歡轉過頭來斷續地聊聊故事，我們在這裡覺得很親切和放鬆。

後來 MOMO 咖啡就成了我們每天下午的聚集地，看看三輪車、聖牛、修行者和背包客。祈禱者和乞討者以各種姿態和面貌走過，動物在這裡和平共處，我們什麼都不做，也不覺得需要做些什麼，而是花了很多時間與人交談和交換故事，一邊喝著茶，直到日落牛群慢慢消失，日光也消失在河畔的最深處。瓦拉納西是個偉大仁慈的動物園，無論是猴子、大象、牛、羊、貓、狗，不同的人類等等，都能互相尊重平等相處。我點了一瓶氣泡水，整個下午對著恆河發呆，看到有趣的人經過便掏出畫本記錄。牛群喜歡在河裡洗澡洗上一個下午，人喜歡泡在水中嬉戲；牛和人都是黑色的，從 MOMO 咖啡俯瞰，有著泥巴顏色的恆河上浮起很多大小不一的黑點。

MOMO 咖啡其實不賣咖啡，賣的是啤酒、氣泡水、可樂和大麻，還有一種手烤薄餅，配的是豆類或肉做成的蘸醬。唯一不喜歡的是頭頂帳篷上的兩隻猴子，老向我扔花生 。因為突然飛來一隻巨大的黃蜂，我們和三個外國男生都有點不知所措，好不容易潑了杯啤酒把黃蜂趕走，就嘻嘻哈哈的把話匣子打開了。他們的名字分別是 HANS、MORITZ 和 RALPH。交談後才知道，他們由於幾天前的火車相撞事故導致

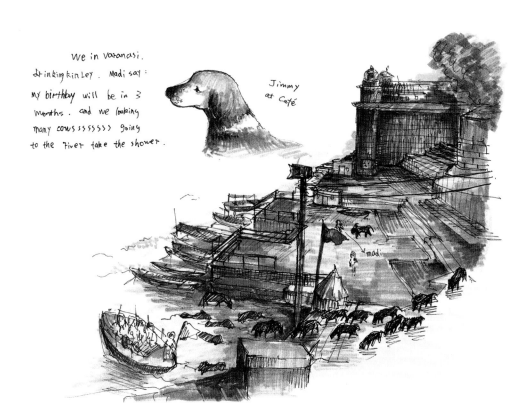

We in Varanasi.
drinking Kinley. Madi say:
My birthday will be in 3
months. and we looking
many cowsssssss going
to the river take the shower.

Jimmy
at Café

madi

HANS

MORITZ

ralph

火車誤點，而被滯留在這裡，便決定在這裡多留幾天。有時候在異地與陌生旅人接觸，大家都是外國人，自然也沒有必要太拘束和防備，互相分享了旅途經驗，抽了一根大麻後，就不覺得陌生了，相約明晚一起再聚晚餐。

有段有趣的小插曲：同行的朋友經過河畔的時候突然被一隻大黑牛追趕，嚇得跑起來才躲過去。我拿著相機一下子沒反應過來，只顧著一直笑。後來想想，她穿了紅色阿里巴巴褲喔。怪不得！

我們其實也搞不清楚恆河河畔實際還有多長，只是看到路被支路和階梯分隔開了。接下來就是回到市區的方向，也覺得累了，便決定回旅館。正要上樓梯時，一隻黑色蝴蝶飛過，以緩慢的姿態越過我手臂上的蝴蝶紋身，輕輕降落在地上，就靜止了。我停下腳步，生怕驚擾，但蝴蝶卻突然像是消失了生命般，靜止不動──這樣的情景已經是第二次看到。我很感傷，就像連蝴蝶也選擇相信恆河是靈魂最後的歸宿。不知道是巧合，還是一種徵兆，或者只是我想太多了，總之都讓我無法忽視這個短暫的、生命流逝的過程。

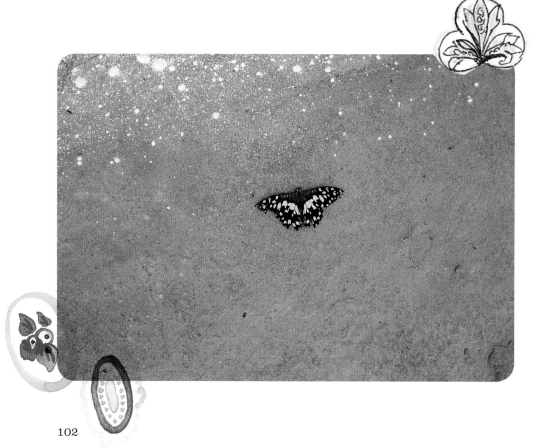

寶萊塢的美好幻象

回到旅館時間尚早,就朝市區的另一邊散步。經過一些商場和房子,牆壁上空白的地方,總是貼滿了好萊塢式的電影海報。在印度,電影應該是最發達的行業,也是最多人參與熱中的消費娛樂項目。印度人喜歡歌舞,也擁有龐大神奇的製作團隊,因此,在印度電影裡,好萊塢式浩蕩的場景和群體歌舞情節的演出佔了極大部分。

曾和導演兼攝影師的朋友聊過關於印度的電影業,剛好他也有代理公司在印度,他對於與電影相關的合作項目報酬還是比較樂觀。大概是因為大部分的印度人很少接觸網路,也並非大部分人都識字,最大的娛樂莫過於一家子圍坐在一起看一部清晰的彩電,所以電影和圖像類的消費娛樂佔了印度消費市場最大的一部分。印度電影的情節總是過於超現代和誇張,只有實際來過這個國家,才能真正體驗社會階級的深嚴和貧富的懸殊。印度電影的美好,並不能於印度的現實生活中體驗得到。

在旅館用膳後,一日下來的步行,以及昨晚旅館外面馬路的嘈雜聲,已經有足夠的理由讓我們提早休息。半夜,旅館窗外又傳來同樣的嘈雜聲,就像很多人同時在搬東西,發出嘿呵嘿呵的聲音,我需要把枕頭蓋住耳朵,才能勉強再次入睡。

↑ 動物園裡的鹿園

佛陀成佛的鹿園

第三天，我們前往位於市區大概 10 公里外的鹿野苑（Sarnath），據說那是佛陀開始傳授佛法的地方，順道去了附近佛陀成道的地方菩提迦耶（Bodhgaya）和拘尸那迦（Kushinagar）。但由於我是一個無神論者，所以被喻為佛教聖地之旅的部分行程，其實並不是太吸引我。

天氣太熱，我的水也喝完了，在路上看到販賣冰淇淋的攤販真的太開心了。我選了橘色的冰淇淋，吃到一半才發現舌頭染成了橘色，看到冰淇淋車上寫著 GAYLORD 字樣，也就覺得橘色得理所當然了。

分不清楚是在鹿野苑裡面還是旁邊，有一個小型動物園，指引文字上說這就是當時佛陀成佛的鹿園，必須多付 10 盧比的門票才能進入，裡面有猴子、大象、鳥類、鹿和兔子。我覺得很納悶，除了那幾頭小鹿外，其他的不都是每天都能看到的動物嗎？在出口看到馬路對面有一頭小驢，正在努力仰著頭吃樹葉，路邊躺著三匹躲在陰影底下歇涼的羊，才意識到印度本身就是一個龐大的動物園。

Hello, my name is Jolly

　　正午，我們到了市區最繁華的貿易市場，在一家裝潢看起來很古老的地方吃了一頓印度簡餐，盤子和碗都是鐵製的。回到恆河時，再次經過火葬的河壇時，已經完全沒有了恐懼感（只是稍微加快了腳步）。再到 MOMO 咖啡度過炎熱的下午，我點了一份薄餅，蘸著豆醬來吃，也把餅分了些給 Jimmy。雖然

牠是頭野狗卻很乖巧，剛開始還不願意接受陌生人的食物，直到得到主人的批准才進食，大概牠感覺到我的友善，便開始搖著尾巴靠近我一點。

　　我跟 MOMO 咖啡的老闆說，我想找一個比較正規學西塔琴的地方，他便說可以跟他的老朋友學，打了一通電話後，就帶我們從後面的支路，七拐八拐地去到一間名字叫 Triveni 的小店。進門就是氈子和四面牆，或者不應該說是

25th is madi eating my food!!!

I eat the I ceam

MoMo coffee shop the chicken Mix vegetables and With Dosa soo good.

JImmy sleeping we on the MoMo coffee sHop

MoMo coffee sHop is very small coffee sHop. But boss is very nice man. He make good food. Sell marijuana. make good india Tea. take care every one and have cold drink nice dog "Jimmy.

↑ 從左至右分別是手指鼓老師、西塔琴老師和手鼓老師。

氈子，而是幾張覆蓋了整家店地面的棉被。

　　老師是一個「地中海」的印度人，坐在氈子上面，客氣地招呼我們進來，帶著小鬍子的笑容看起來很可靠，他說：「Hello, my name is Jolly, my Chinese friend!」談下來，覺得價錢也不貴，兩個人一共才幾百盧比一天，便開始正式上課。Jolly主要教我朋友打手鼓，而教我學習西塔琴的是另外一個老師，他是一個髮型豪邁的大鬍子印度人，我們一進門就表現得很熱情，告訴我們他的家族七代都是音樂家。對此我並不懷疑，因為他的幾根手指頭的肉都凹了進去，那是長年累月撥動西塔琴琴弦的痕跡，光看就覺得痛。商量之下，他們連

同一個手指鼓很厲害的老師為我們先私下表演了一場。當然這個演出也不是免費的，演出完Jolly說讓我們支持一下印度獨立音樂，要我們各人都買一張他們的CD。他們雖然嘴上沒有說必須買，但卻遲遲不肯開始正式上課。想想印度音樂藝術家也不容易啊，我們就各買了一張，他們開心地給我們簽名。

　　在學習彈西塔琴時，大耳朵的小老鼠總是喜歡在我們身後鑽進鑽出。我使用的是更大的標準型號西塔琴，對比之下，覺得自己之前心急買下的中號其實只能勉強彈奏，聲音實在有明顯區別，美妙太多了。老師說我的琴買貴了，至於買貴了多少錢，又好心地不願意透露，只肯告訴我，以同樣價格我可以在

瓦拉納西把大西塔琴搬回家。

課程結束後，我們回到 MOMO 咖啡。昨天遇到的那三個外國男生已經在等我們吃晚飯，出發前，MOMO 老闆問我們明天要不要看日出，他可以幫忙租船，保證划到景觀最佳的地方，那就是河中心。我們商量了一下決定一起租，省下一點旅費。其實，我偷偷目測過，如果在河中心遇到任何危險和麻煩，跳到河裡游回岸上，對於不熟水性的我會很麻煩。所以有強壯的男生在，也是好的。我們決定去著名的達薩瓦美德（Dasahwamedh Ghat）河壇附近的地方用膳，以便飯後去參觀河壇每晚舉行的盛大祭神晚會。我們最後選了一家在民宅二樓的餐廳，名片上印有：A PEACEFUL OASJS JN VARANASJ，店主是個外國人，地方看起來也乾淨，能俯瞰大半條恆河。我們旁邊有幾個單身背包客，就乾脆招呼他們一起過來坐，雖然彼此的言語都不太通，但沒關係，可以一起乾杯喝冰啤酒。

KINGFISHER　KINLEY　Masala chai　Dosa

Jolly

TRIIVENI
MUSIC centre
www.trivenjarts.com

火葬不打烊

晚上的恆河和白日的恆河完全是兩個模樣。晚飯後步行去達薩瓦美德河壇，河畔的階梯上點滿了一排排浩浩蕩蕩的蠟燭。我們遇到了一隻騎在黃狗身上的黑色小猴子，牠對朋友的紗麗十分好奇，又捨不得失去自己的專屬座騎，結果扯了一段時間才願意放手。

沿途遇到的都是從世界各地前來朝聖的虔誠教徒，有的手上提著蓮花燈，穿著最光鮮整齊的衣裳。有些則三步一跪地匍匐向前，瘦削而清貧。與其說達薩瓦美德河壇是舉行祭奠儀式的地方，倒不如說這個是瓦拉納西每晚固定的現場秀。這裡到處都是人山人海，就連恆河上也圍滿了載人的小木艇，大家都在爭取最佳的位置觀賞儀式。階梯上有提著箱子販賣小吃的印度人，好幾個家庭就乾脆鋪滿了墊子圍坐起來，中間放滿了水果、瓜子和拉茶。感覺就像忠實的歌迷打著地鋪的音樂會現場，周圍都是鬧烘烘的興奮，和想像中莊嚴的祭奠儀式完全不一樣。

祭壇上的祭師看起來年輕、強壯，陣勢動作都整齊、統一。在印度人眼裡，能成為祭師就代表著擁有很高的聲望和榮譽，他們都經過嚴格篩選和訓練，多年後才有機會成為真正的祭師，因此每年由父母帶到瓦拉納西求學祭奠的男童多不勝數。

坐在祭奠壇中間的，是負責演奏祭奠音樂和主持儀式的樂師，整個儀式需時

108

約三十分鐘。簡單形容，就是由祭師舉著點滿蠟燭的油燈，向恆河的四面八方反覆進行拜祭。儀式結束後，祭師會把壺裡的河水倒回恆河裡，寓意祝福和新的一天開始。大家都會抓緊機會領洗，搶洗聖水。

晚上回到旅館，再次聽到從馬路傳來嘿呵嘿呵的嘈雜聲，只是這次鬧得更早一點。我們都還沒有入睡，就探頭往窗外看，原來他們在搬木架子。上面掩蓋的只不過是薄薄的白麻布，從布蓋著的凹凸形狀和朝著恆河前進的方向看來，搬運的應該是屍體。原來，火葬是二十四小時開放舉行的。我連覺得害怕的心情都沒有，只覺得很吵和很睏，心想著，能不能快點搬完呢？

日出，與昨天告別

凌晨三點半，我們便起床趕去恆河看日出。早晚的瓦拉納西溫差很大，還好我們都各自帶了足夠防寒的披肩。船伕是一位很瘦削的印度人，一部小船載著我們五個人出發。河床的附近也浩浩蕩蕩地排列了數十條大小不一的船，載滿著熱熱鬧鬧的遊客。大家好像都沒有打算划得更遠，只有我們的船伕很稱職，為了讓我們第一時間欣賞到日出，一直划到了河中心。這時，有什麼動物掉到河裡正拚命地撥水，船伕好心，伸出了船槳把那隻動物救了下來，原來是一隻翅膀受傷的鳥。牠也毫不客氣地抓住了槳上到我們的船，之後就躲到甲板裡，再也沒有出來。

看著恆河從漆黑一片到漸漸橘紅，直到太陽浮出了水面，我不確定這個緩慢的過程裡我是否思考過什麼。只覺得有種感動，從皮膚乃至心臟都是酥麻的。點燃了一盞蓮花燈，據說是可以把話傳給逝者或者過去的人，我想來想去，實在沒有什麼想要傾訴的人。就乾脆點給自己，默默地跟自己的過去做個了斷和告別，卻忍不住哭了。

我覺得我的精神狀態就在那一瞬間瓦解了，也釋懷了。來印度之前還在猶豫是什麼吸引我一路向前，無懼害怕。原來這段路程是為了告別自己的過去而啟程的，大概人就是需要讓自己歷盡艱辛，逼到一個盡頭、一個終點，才可以與過去的愧疚、陰暗面、一直害怕的事情做一個了斷。這大概就是旅行的意義。回到河畔時，太陽已經完全升上來了，在河水的映照下，整個瓦拉納西彷彿都渲染上了金色，那種美景是無法用照相機捕捉下來的。新的一日，又開始了。

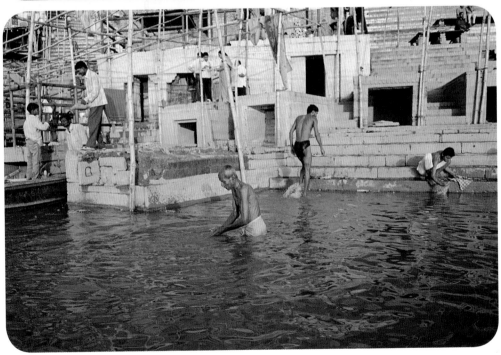

26th
we get bed 4:30
take the boat
see the big sun
come out .

MoRiTz   HANs   RalpH   PoPiL   Madi

we are 5 people
on the boat
with one india boatman.
we buy the little candle.
put on the river .
and we save the bird .

 I don't know why
the little bird
swimming on the
river..

意外地迎接小羊的誕生

最後一天在恆河，和 HANS、MORITZ 和 RALPH 道別了。

沿途有很多寺廟，我們都不敢擅闖，一來自己不相信神佛，深怕打擾正在朝聖的人。二來聽說有個老鼠廟，裡面有上百隻老鼠，也放置了足夠給老鼠吃的食物，我覺得既害怕又好奇，對寺廟的興趣不大，始終抱持著遠遠地在外面看看就算了。

我們遇上了一隻臨盆的白羊，辛苦地臥在樓梯上，幾個印度人正在熱心幫忙，我們雖然幫不上什麼，遞遞布和按摩總是可以的。突然，小羊誕生了，母子平安！負責接生的印度哥哥轉過來跟

我們說，你們很幸運呢！在恆河遇到新生命誕生，會帶來好運。

既然是最後一天，就該開懷購物，在恆河河畔各大小支巷裡，有不少販賣衣服的無名小店。價格很低，也有些二手衣服店，但基於衛生問題，我沒有購買。後來在一家賣紗麗的地方買了大概十多條裙子，因為圖案都太特別了，準備回國後作為素材使用。後來在一家專賣木製品的精品店找到印度版的俄羅斯娃娃，款式都以動物和印度神人為主，造型奇怪，但我很喜歡。

回到 MOMO 咖啡，見其未開門，正準備離開。Jimmy 卻突然從身後出現，一口咬著我的衣服，硬把我扯回 MOMO 咖啡的方向。難道連牠也

感應到我快要離開瓦拉納西了麼？跟MOMO老闆說再見時，看到他的眼神帶有一點不捨。大概是因為再也沒有中國少女聽他說故事了，所以有些失望。大家都心知肚明，以後很難再見了。

回到達薩瓦美德河壇附近，我決定在旁邊的樓梯坐下來好好看看和畫畫，就買了一杯茶，盤腿坐著。旁邊還有幾個喝茶的印度人和嬉皮士，還有一個家庭來參與火葬，他們沒有笑也沒有哭。倒是轉頭看到一個外國嬉皮士和一個印度老人同坐，分享同一口卷煙，印度老人卻一直在默默流淚。

這時來了一個束著兩個小髮髻的印度小女孩，向我兜售明信片。我說中國人沒有錢，她就問我，我可以要你的彩色筆嗎？我說不行，這個是我畫畫的工具。她很失望就乾脆坐在一旁，邊看我畫畫邊嘟著嘴。後來我給她畫了一張畫，她很開心，拍完照片立刻就拿著畫跑掉了。沒想到她帶了幾個年紀更小的小朋友回來，讓我幫他們每個人畫一張，他們乾脆在我面前排起了一條小隊伍。我一張張畫，也分開一張張小畫片給他們，他們都笑得很開心。我畫完之後問其中一個很小的小朋友叫什麼名字，他告訴我：A, B, C, D, E……我跟著寫，結果寫滿了二十六個字母。這時一個拿著照相機的印度人經過，他拍了我幾張照片，告訴我說他是印度報紙的記者，覺得這個過程很有趣，想要報導新聞……

回家

瓦拉納西的機場實在太小了，我們只好都盤坐在地上。我們不再在乎身上或者地上的髒亂，也沒有覺得咖哩味道很刺鼻。我在印度的期間被馴化了，也習慣了印度周遭的環境，潛意識地去接受和了解印度的宗教文化和儀式。

我們再次回到德里，度過一晚後，從德里直接飛回中國，沒有半點不捨，也沒有覺得討厭。只是，沿路實在消耗了太多精神，人到了體力最不支的狀態。

帶著滿滿的行李箱和這十九天的疲倦，以及各種不可思議的際遇，和與各種奇怪的人的文化交流片段，回到了自己的國家。來接我的是當時的男朋友，他既擔心又責怪我去了這趟冒險旅程。但看到我完整無缺地回來，還是很寬心地給我一個擁抱。回到中國機場那一刻，才察覺到自己很臭，滿是咖哩和牛糞的味道，臭味彷彿從每個毛孔散發出來。趕緊把印度手工鞋脫了，反過來看，鞋底都是黑的，無法判斷是否踩到了髒物，但肯定味道是從鞋底發出的。

接下來的兩周，我處於迷糊的狀態，沒有整理行李箱，也沒有好好整理遊記，只把髒衣服交給清潔阿姨處理。肚子從在瓦拉納西的那段旅程已經不太舒服，好像有點中暑和拉肚子。對身邊的人，我也沒能好好地完整說一次關於旅途的經歷，每每說起都只是一些瑣碎的片段。

在印度所經歷的一切，和上海的平淡

生活完全不一樣。我又突然覺得不習慣了。真的可以用言語來形容嗎？我該去評論印度人的生活狀態、道德觀念與自己日常所接觸的不一樣嗎？

花了很長時間思考每一個片段，但又不想思考每一個片段，我能感覺自己對印度是半喜歡、半厭倦。但畢竟這次旅途是帶著任務在身的，也需要開始跟贊助整個旅程的 GOELIA 服裝品牌彙報和交代，到底該以什麼形式繼續完成這個印度的計畫。

於是，我把行李箱重新打開，把從印度帶回來的東西分類和整理，印度的特殊味道再次撲鼻而來，都是從印度買回來的衣服或者物品發出來的，如檀香，氣味既強烈又熟悉。這時才發現行

李箱原來在印度時便在不知道的情況下被人撬壞了，大概是因為撬到一半，發現箱子太結實又放棄了。翻開行李箱到最底，每個角落都被旅途收集下來的門票、收據、畫本等填滿了。仔細看物品和門票，感覺就像帶了一個微型的印度回來，把我在印度所見所聞所到的地方一一用某種形式記錄下來，而成為證據。喔，原來我真的到過這些不可思議的地方。

從那一刻，我清晰地覺得，我其實沒能力用說話的方式去陳述我所經歷的，但我可以用自己的方式分享，就是要用藝術裝置、圖片、繪畫和文字，把這些物品、生活證據串聯起來，從布藝到裝置和攝影，做一個跟行李箱相關的展覽，和大家分享這段印度旅途的經歷。整個構思一下子顯得十分清晰、完整，讓我很興奮。

印度，是第一個被我裝進行李箱帶回來的國家。

27th. we from
varanasi; go back Delhi.
in the aircraft
we are sit on the floor.

| Part 2 |

行李箱是把鑰匙

印度主題房
間的裝置

　　從印度回來的一個月後，我向贊助我印度旅行的 GOELIA* 服裝品
牌，簡單說明了想法。我想做一個與印度旅途有關的展覽，並以行
李箱做載體，用帶回來的物品重新組織和創作成藝術裝置。同時還
會展出同行的伙伴、攝影師 Madi 的印度攝影作品。

　　但必須由我策畫，主動權在我手上。同時，我也希望他們能繼續
贊助這個展覽的經費。贊助方對我的提案很感興趣，基本是放心讓
我去做。長久以來的良好合作關係，他們覺得我是最能了解品牌屬
性的藝術家。但有一個小小要求，就是讓我在展覽之前，幫 GOELIA
225 概念大樓四樓的環球旅遊主題概念空間，設計一個印度主題的
房間，並且幫忙想想當季印度主題服裝秀的事情。

　　一方面，他們希望我先找感覺，透過設計印度主題房間，可以為
展覽構思出更清晰的方向和形式，然後再落實展覽時間。

　　另一方面，這也是個試驗，看看效果，到底是否適合把印度旅行
的題材作為展覽。當然，展覽的首站也必須在廣州 GOELIA 概念大樓
內舉行。我們討論後，把展覽的日子定在 2010 年的 4 月底，這讓我
有足夠的時間準備。

　　我覺得這樣的要求很好，正好也讓我想想該怎樣表達，同時能被
信任是很棒的事，作為交換條件並不過分，我很樂意幫忙。這也讓
我自己更仔細去衡量商業和藝術應該以怎樣的形式結合，才能合乎
大眾口味。信任的合作關係，讓我擁有足夠的興奮和信心。

　　設計印度主題的房間和展覽的時間相隔幾個月，但對我來說，是
同步進行的事。

　　我開始重新打開自己的印度行李箱，邊整理邊想，如果單靠攝影
部分和遊記，是否足夠構成展覽的主要內容。從藝術角度上來說，
載體不夠有趣，而且太過單薄。那麼，該如何把行李箱裡的「微型」
印度，變成「大」印度，更完整地呈現給大家呢？看著行李箱裡的
物件，從錢幣到門票、還有小物件乃至紗麗和手工鞋，看起來是沒

＊註：GOELIA 是來自中國的女性服裝品牌，每一季以環遊世界為服飾主題，熱中於支持藝術和獨立設計。始創在廣州，在廣州設立 GOELIA 225 概念大樓和畫廊。那裡有我創作的兩層樓高的牆畫和一些作品，做永久展示。網址：www.goelia.com.cn

有太大關聯性，卻又息息相關。因為這一切都是激發我靈感的起源，也是印證這次印度之旅的證據，行李箱則是我開啟展覽的鑰匙。一切創作靈感來源於生活，就應該這樣，從最簡單的、能觸及的素材上出發。

　　但是，我想讓觀眾體驗和觸摸到感受更大的東西，而不只限於紙上。雖然具體的進行形式是怎麼樣，我還沒完全確定，但基本藍圖已經在我腦裡慢慢建構起來。

　　與 GOELIA 合作總是很爽快。長時間的合作關係，早已有一定默契。即使只是郵件上的遠程操控，好的溝通也可以讓項目進展得更順利。品牌方為我提供了很多資源也很鼓勵我的想法。同時，也把之前他們從印度採集到的印度物品，給我一個詳細的清單，以便把收集回來的印度物品組合起來做擺設。

主題房間的空間其實不大，大概是 25 平方的四方形。我建議可以把這些印度帶回來的物品做一個高低層次的陳列，紗麗用假模特穿著，如果只是掛起來，根本體現不了紗麗的飄垂感。

參照印度齋蒲爾的鏡宮建築特色：用仿舊木做成印度的拱門形狀的鏡框，裡面是鏡子，放置在對角的牆上。把印度傳統的布傘高掛在射燈下，會帶來半透明的顏色折射，在鏡子的反射下亦能增加空間感。

除了物品擺設，還需要增加一些大型物品，才能讓整體看起來更有主題性。一開始的想法是把一部印度鐵皮拉車空運回來放置在主題房間裡，既能體驗印度的特色手工，材質上又能擊出碰撞。這樣的想法很狂野，但由於始終無法解決物流問題，導致這個理想無法實現。後來，我又想出一個新的方案。既然 GOELIA 服飾品牌是和服裝布料有關，何不用布料造一匹具有印度特色的布偶大象？

牆壁四周，則參考齋蒲爾舊皇宮樓頂切面的顏色，結合印度特色的花紋，直接做成牆紙。上面的波浪拱形其實是泰姬陵的剪影，這個的做法既方便又省工夫，不會有油漆味，又能體驗出印度特有的顏色和文化氛圍。

但我故意只貼了一半的牆，這樣會更有助於增加空間感，也不至於浪費材料。其實，我對如何用最簡單最便宜又快捷的材料布置空間，並創造空間整體氣氛，一直很感興趣。這次，算是過足了癮。

歷時一周，就在 2010 年的 1 月初，印度主題房布置完成，大家都很喜歡。

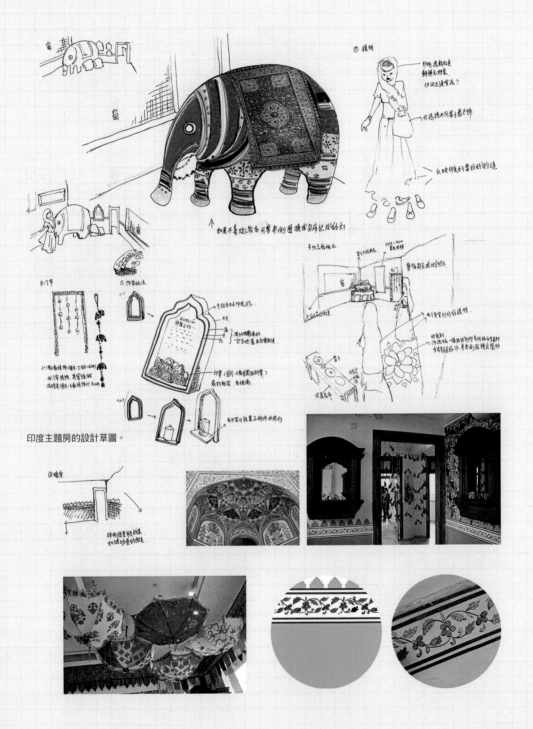

印度主題房的設計草圖。

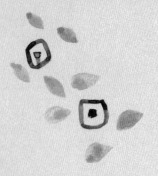

象是精神
信仰

完成 GOELIA 225 印度主題房間設計後，有一段小插曲。由於另一個項目的原因，去了趟北京，天氣冷得下雪了。剛好認識朋友在北京當紋身師，便決定再多紋兩個。圖案其實是在印度的時候已經想好的。

一個是蓮花的圖形，那梵文是蓮花的意思，是給媽媽的紋身。蓮花，代表了她。那段時間，媽媽身體並不是太好。她的名字裡正好有「蓮」字，我希望用自己的方式去祈禱，和讓自己記得媽媽在身邊的感覺，但是我又不願意給別人看到，因此我選擇紋在耳背後。

另一個是大象。自從一次在泰國遇到失去耳朵的大象後，我便常夢到自己與象一起散步。在夢裡，總是在異國，不熟悉的公路，那種感覺無比自由和安心，彷彿我能與大象溝通，我深信這是大自然的力量，便畫了一頭大象和一顆破碎的心。

破碎的心，靈感來源於當時交往的法國男友的紋身，他也紋了一個破碎的心在心臟的位置。曾做夢看到自己和他平躺在床上，身體是赤裸的，我們都有一個一模一樣的破碎的心的紋身，在同一位置上，只是我的心是倒過來的。我覺得那樣很美，醒來的時候還記得那種甜蜜。

後來我乾脆兩者結合。如果我與象真的有神奇的力量能溝通，可能象就是能安撫我、讓我感覺平靜的一種象徵。我希望象能壓著我破碎過的心，無論是以前或以後，帶給我安心。

大概幾日後，紋身的疤痕剛好，我再次接到 GOELIA 老闆的電話：「貓，你可以幫我們的印度服裝秀畫大象嗎？」我當然答應，但，為什麼偏偏是象呢，而不是阿貓阿狗或者老虎呢？這使我更相信我與象確實存在無法解釋的聯繫了。乃至以後，象在某種程度上彷彿成了我的精神信仰，也是安心的源泉。

讓我畫大象

太興奮，沒多想，就直接飛回廣州，提前一晚去廣州美術學院，把顏料都買好，為畫象做足準備。其實畫大象要用什麼顏料、筆刷，我都沒有什麼概念。但我特別選了不會傷害大象皮膚的人體用顏料和卸妝油，以及大一點的筆刷和手套。

第二天，趕去 GOELIA 的工廠畫象。當天晚上，GOELIA 工廠的大花園將要舉行印度風情服裝秀，而象是特別「嘉賓」。整個場景都經過精心布置，連草皮上都放置了一個足夠讓象通過的大拱門和走道。花園上，有幾隻藍孔雀在慢慢散步，一時有 GOELIA 把印度草坪整塊搬過來的幻覺。

在中國，向動物園租借大象是一件非常困難的事情。除了需要大量的金錢還需要些關係。所以在畫象當日，其實還是很猶豫，不確定是否能順利把象借出來。直到中午，被通知象可以借出了，但只能借一隻小象，因為大象實在不好控制，而且，必須用超級大卡車運載。

離開服裝秀還有六個小時，我必須在這個時間內完成。向工廠飯堂借了一條圍裙，便開始畫。整個工廠的後半部分都用黑布簾封鎖起來，除了負責照顧的工作人員外，一律禁止其他人進出，好讓我安心畫象。

小象的名字叫隆隆。據說是動物園裡的小明星，才 3000 斤——對喔，就是一腳踩下來，我會扁掉的重量。負責幫我控制象的是兩個馴象的哥哥，一胖一瘦，都來自緬甸。聽說象一輩子基本只認一個養象人，所以小象比較聽牠的主人胖子馴象師的話。控制牠的方式其實是捉緊小象的耳朵，因為象很強壯，其他位置即使鞭策也沒有太大感覺，但耳朵卻很敏感，只需輕輕拉扯就像指令一樣，假如扯右邊則表示轉右，同樣道理，如果左右兩邊都扯，象則不敢再大動作地搖擺。所以如果要把一頭象完全固定下來，一般需要兩個或以上的馴象師。

開始畫的時候，我沒注意到小象身上的毛，原來像刺一樣硬。畫到後來為了方便洗筆，乾脆把手套也脫掉了。後來才發現兩手背上都是被毛刺刮傷的小傷口，只是自己的精神太集中了而完全沒注意。畫象的時候是不容許猶豫的，需要下筆準而狠，不然也難上色，最難畫的部分其實是眼和腳，還有象鼻。象的眼睛的皮膚很敏感，小象也會因為害怕陌生人的接觸而不斷眨眼。我很怕會傷到牠，畫的時候特別小心。

難得有如此神奇的畫象機會，能近距離接觸象，是完全超出意料之外的事。畫象過程裡的每個細節和動作，都讓我清楚地感受到自己與象之間存在真實的溝通，以及特殊的共鳴。這是一次難能可貴的感動體驗。

　　小象經常口渴，每隔一段時間牠就會不耐煩，每次看到旁人，就用象鼻鞠躬表達想吃旁邊的西瓜。雖然耳朵被控制得牢牢的，但小象畢竟還是小朋友，面對冰涼的西瓜是完全沒有自制力的，小腳常亂動，我必須一邊畫一邊遷就位置。有次小象還為了搶到西瓜而用象鼻把我輕輕撞倒了，還邊吃邊拉，我又氣又笑。

　　馴象師看到畫象的是一個小女孩，有些擔心，但看到我完全不害怕，麻利地畫起來，並且越畫他們越覺喜歡，還主動努力配合我，使整個過程很快也很順利地完成。他們說，從來沒見過少女畫象的技術如此純熟，而且完全不害怕，還能聰明地遷就象的舉動而就位繪畫。他們還說畫得那麼好看，應該給隆隆照照鏡子，估計牠自己也不捨得洗澡。

　　其實我只是把興奮裝作冷靜。因為對於品牌，我存在責任，必須確保靜下心來，才能在規定時間內完成這件龐大的藝術品，而且整個環節不能有任何差錯。

　　畫完象，距離開秀只有兩個小時，很快地就需要去後台準備了。還要補一個鞍座上去，給模特兒座騎。隆隆被領走前，我們合影，她坐起來，在我旁邊拍著大耳朵。

　　我心裡有點捨不得告別。雖然，身上和雙手都是顏料，拿著布也擦不掉，襪子磨破了，身上都是汗和象的便便味，但我不在乎，我更在乎的是這個畫象的過程和體驗。大概我一輩子，只有這麼一次機會畫象吧。哈。

　　後來，我趕緊去洗澡換了全新的衣服。服裝秀已經開始了，我坐在最前面的位置，看著我剛剛畫好的龐大的「藝術品」，在秀場裡笨重地走來走去，太威風了！

我創作的時候喜歡直接。從來都是想到什麼就做什麼,但都以實際的能力和範圍及資源為前提去考慮。很多時候想法再好,但無法實現,或無法完整地透過作品表達出來,都是很可惜的事。每次展覽,就像一次分享和展示自己的機會。需要好好把握,才可以讓自己的藝術之路走得更遠。

很多時候,我好奇心很大,看過的事情多,也很八卦,常常一個腦子同時會冒出多樣的想法。做事情的方式也接近野蠻,喜歡主導,並且注重細節。一旦事情開始了就會設法讓它變得更精彩,因此時常對自己要求很苛刻。但是如何平衡自己內心想法,及把握好分寸,避免創作出奇怪或別人不懂不舒服的東西,也是一門永久的學問。

透過 GOELIA 225 印度概念主題房間的布置,和畫象的過程,對接下來要做的展覽有很大的幫助和影響。一來可以清晰知道自己在執行這件事情的時候欠缺了什麼、可以運用些什麼。二來等於提早把自己的思維整理了一遍,知道該怎樣控制一個空間的整體氣氛和感覺。

有段時間,我刻意鍛鍊身體,無論多疲倦,每日都堅持在家附近的公園跑步,因為我很清楚接下來的創作就等於跑一場藝術的馬拉松。所以,我必須擁有足夠的魄力,才有利於持久和健康的工作狀態和心態,同時亦有利於保持頭腦清醒和思考。

如果把從印度帶回來的物品簡單劃分成展品的幾部分,可以分成:行李箱、照片、裙子(布料)、印度特色物品、繪畫遊記。但我總覺得小物品太瑣碎,需要點大東西才能成為主體,怎樣才能把裡面的物品放大化和完整化地呈現?

最關鍵的鑰匙已經找到了:行李箱。

在旅途上,最常見的亦最感覺扎實的,永遠是破破舊舊貼滿旅行標誌的旅行箱。還有,那一張張的飛機託運標籤紙和存放行李的辨認貼紙,成了在路上最驕傲的證據。同時,行李箱是隨身攜帶的私

密小空間，裡面裝有衣服、內衣、財物、護照、護膚品、衛生棉、電池、膠卷、書本、旅遊指南、畫筆和畫本等等。打開一個人的行李箱，就如窺視這個人的日常生活。單憑這些生活習慣用品，便足以推測出一個人的旅途行蹤、生活習性、個人喜好及顏色等等。

而每次旅遊歸來，行李箱的箱底總會莫名奇妙地多了些雜物，例如餐廳發票、旅店訂單、小食品包裝袋、零碎的路線圖、口香糖的包裝紙、地鐵或者景點門票等。瑣碎而微小，但看到時必然會心微笑，想起的全是在路上的歡樂事。所以，要重新打開我的行李箱，以藝術形式重組，帶引你進入我的記憶旅途。

看著攤開了的布料，我突然想起在印度拍下的少女們姿態，穿著瑰麗的紗麗，在陽光底下呈現半透明感，與金色的閃片折射出閃爍的神祕光芒……這種種就像停留在空氣裡的立體畫面。

我想用印度帶回來的布料做成大面積的布藝畫，做出立體剪裁的效果，真實和立體地還原布料在少女身上展現的優雅感和原來的質感，同時也是能觸摸、能感受的藝術品。那麼，靈感有了，裝置的素材有了，展示的作品也有了。

名字呢？還是得再仔細想想。

整理下來，手頭上的舊行李皮箱不夠，還需要幾個，陳列起來才夠整體。

舊行李箱不難找，但要找到適合的卻不容易。上海有一個神祕的舊物倉庫，足足有半個足球場大小。長年累月的淘舊經驗，讓我認識了不少氣味相投的淘友，自然也認識不少好地方。舊物倉庫位於上海的浦東，濟陽路 1788 號。沒有門牌也沒有名字。門口堆滿了舊桌椅，只有中間的通道能勉強蹭進去。倉庫的通道左右兩邊，舊物堆積出幾條窄窄的長廊，舊物都是數以堆計，堆到倉庫頂上。

裡面的舊物多數缺乏整理，空氣也很渾濁。常常會在小暗格突然翻到奇怪的娃娃，不敢亂帶回家；暗房也很多，好像每一間都堆滿了不同種類的舊物，但擺放的位置卻有一定的規律。後來我在堆滿箱子的房間，找到了幾只成色較好的行李皮箱。雖然髒亂，但獵奇式的尋寶很刺激，可以讓人迷失在這裡一整天。這裡的時間是屬於過去的，一切舊物都帶著生活的痕跡。熟門熟路的人通常都會很自覺，看中的物品也大概知道價格會直接收購。所以老闆基本只做熟客生意，也從不主動招呼，在倉庫裡面總是離奇地安靜，聽不到外面的聲音。

我選了很多舊行李皮箱，但最後實際只選了三個。回家後，和之前收集的印度舊行李皮箱放在一起，從大到小，排了順序。便開始清洗工作。處理前先扔出陽台曬太陽，散散霉味。其中我最喜歡一個橘黃色皮的薩斯風行李皮箱，長窄的外形獨特，把箱裡面霉壞的木格全拆乾淨之後，鋪滿印度布，重新造了新內格。拿在手裡大小正好適合。如果不是需要用來做成裝置，還真捨不得使用。

當時我沒有固定的工作室，我與助理必須在我家裡的飯廳工作，桌面不夠大，乾脆就盤腳坐在地上。很多時候甚至忘記了吃喝，專心做事情的時候就會完全忘了生活所需。時間很緊張，因為實際工作量比預期的大，整整一個月我每天大概只睡三到四個小時。常常半夜調了幾趟鬧鐘，才能把自己硬扯起來。又因為坐姿不正確，半個月不到就覺得骨頭快散架了。

借了一台縫紉機，把牆角都釘滿了可以用來掛布的釘子和鉤子。家裡的飯廳成了我的小小工作坊，感覺自己像一個小女工，每天都在「縫紉間」裡辛勤工作。

改造舊
行李皮箱

1）尋找適合的箱子，特意淘中古程度的行李皮箱，皮色通常比較厚實，有質感，而且形狀經典。但通常好貨難求，大部分淘回來的箱子都必須經過重新修理才可以使用，洗刷過後還必須要消毒。

2）等霉味驅散後，開始上色。上色時需要很專注，由於皮箱表面的光滑程度和紋理不一，繪畫前必須確保不容許有灰塵，這樣顏色才不會顯髒或不均勻。我選用丙烯，可以完全覆蓋箱子原來的顏色。

4）然後，我選用拼貼的方式把旅途上收集的門票、雜紙、布藝材料與織帶混合起來，融入到畫裡。細節部分其實由在印度收集的紙製品組成，並與畫面結合。

3）由於丙烯難乾，為省時間一
心必須多用，把必要的底色先上
好，然後就可以開始把一些附加
材料：例如織帶，先用熱熔膠黏
在預先想好的地方，黏好後再重
新添加上更多的細節和顏色。氣
溫開始越來越冷，特別是半夜的
時候，坐在地上即使有墊子也開
了暖氣，還是覺得冰冰的。

5）從選用的素材裡可以看到無論是顏色和素材的運用，其實都與印度
的旅途所見所聞有關。我喜歡印度的手工藝，混沌又精緻，通俗又自
有一套文化系統。從大到小的行李皮箱成了我的立體畫布，每一個切
面都有不一樣的畫面。我想盡可能地像說故事一樣，分享我在印度所
感受到的文化衝擊，而添加的元素都是隨心所欲，率性而加。

6）再從已經預先構思好的色塊上添加細節和顏色，以及做最後的整體調整。修復和改造行李箱是一個漫長而又複雜的過程，需要有足夠的耐心，才能把細節觀察和處理好。我習慣直接畫，也不會起草稿就直接下筆，這也是我一直以來創作藝術的方式，很放肆。即使畫錯也可以構成新畫面，我滿足於這種探索個人精神藝術的過程。

7）到最後，一共繪畫了五個行李皮箱。在畫面上噴了一點保護漆後，就堆到一邊忙其他了。我的貓開始不高興，總是趁我不注意想剝掉箱子上的小閃片。她大概覺得我實在花費了太多時間在箱子上，把她冷落了。

　　從印度收集回來的布很多，客廳裡有一張 IKEA 床，剛好被我全佔用來把布攤開。天氣越來越冷，家裡的五隻貓也乾脆把布當窩，扎扎實實地團睡。有牠們陪伴我半夜工作，雖然麻煩事多，但讓人安心又溫暖。常常放一整個晚上的電子音樂，聽最多是高木正勝、saycet、Ólafur Arnalds 及 bibio 的音樂。

　　我很慶幸狠下心腸買了一條屬於自己的紗麗，雖然只穿過一次，儘管在印度這樣的傳統服裝穿著很普遍，但總覺得掩蓋在瑰麗顏色及面紗裡的印度女性有謎一樣的美麗。印象中，印度女性都擁有健康皮膚顏色：長長的睫毛、高挺的鼻子、眼睛和頭髮都是漆黑的。蓋上面紗，只露出眼睛部分，眼神敏感而犀利。她們配搭紗麗的顏色和花紋都很大膽，儘管是從頭包裹至腳，卻特意露出小蠻腰，很嬌俏。有時候我會不自主地跟隨一些身影，想探看面紗下裹著的究竟。覺得這樣的服飾與印度的女性特徵配搭得剛剛好。

　　而我的繪畫風格一向偏向女性，善於表達私密情感。我想結合印度帶回來的布料，結合貓、大象和孔雀這三種印度的代表動物，去呈現印度女性特有的風韻，與大家分享的同時帶來瑰麗的遐想。雖然在我們生活環境裡，這樣的身影並不存在。

1）準備材料。良好的歸類習慣是很重要的，即使布的材質不
一樣，還是可以根據顏色和大小分類。手頭上有印度旅途收集
的布及由 GOELIA 提供的印度元素的布輔料。縫紉機是便於效
益的快捷工具，而各種顏色的不織布，非常適合創作也省工夫，
一般布料市場都可以買到。其他工具還有針線，織帶及燙斗和
熱熔膠都是勞作的好幫手。這時，貓是絕對隨時會干擾勞作的
動物，隨時要提防和小心。我們與助理 33 都捨不得把貓隔離，
因為長夜實在太漫漫了，需要點貓的聲音。

3）先從「貓女」起，因為貓是
我最熟悉的一種動物。一開始
還是會用鉛筆先起草稿，繪出
封製的位置和畫的位置，那樣
就會比較清晰，特別是大型作
品會好控制，這便是貓女的原
型。

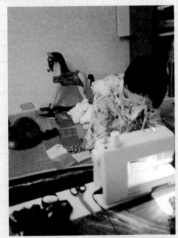

2）與助理 33 分工合作，繼續一心二用。把預先構想好的內容打草稿，畫在布上，我選用 IKEA 的窗簾布，顏色夠白，規格也統一，比較厚實，適合畫畫，顏料也不會滲化。我把畫布掛在飯廳的一面牆上，由於沒有架子，布又很重，如果攤在地上畫又會影響視覺效果。釘了十幾口釘子在牆上，放滿了掛鈎，才能把布掛起來。使用的顏料依然是丙烯，但我有添加水，這樣顏料畫在布料上能製造出柔軟肌膚的模糊效果，待顏色乾了之後就可以開始縫製布藝。

　　因為想要讓造型更具立體效果，特意在布內添加了棉花填充物，自然形成印度的傳統燈籠褲形狀。再用熱熔膠把閃片、鈕釦珠片一片片手工慢慢縫製上去，最後添加局部的小細節，使圖案完整。

4）再把細節和顏色慢慢補上，結合印度布造成的紗麗及用珠片製造成頭飾，變成了帶有立體感的布藝貓女畫。留意貓頭的製作，裡面的填充物是大量的棉花，鞋子也是特別精心製作的部分，印度的手工鞋子實在太美麗了，讓我留下了極深的印象。

5）「象女」的製作比較複雜，也是最花時間的一個作品。勾畫好草稿後開始製作拼布，同樣以立體的形式製作出頭飾物及項鏈等。我很喜歡印度裡金光閃閃 shinning 的效果。旅途所收集的鈕釦，為眼珠增添了精緻的細節感。而下身裙襬即大象部分，我選用了印度的特色拼布，靈感來源是印度的百家布，造成色塊的象頭。象的身體同樣塞滿了棉花，曾加立體感，即使是鞋子也是很花心思的部分。

8）最後縫上皇冠，補充細節的過程基本上是按感覺發揮了。至於皇冠上像寶石的小亮片，其實都是用鈕釦縫製而成。

7）我把部分真實的孔雀羽毛也黏合在布藝上，這樣看起來會更逼真。使用熱熔膠黏貼難縫的部分可省一倍的時間，也可以讓閃片更牢固。

9）接著在每一塊布藝的背面縫製上在印度收集的花布，考慮到布藝裝置在掛起來的時候，一般都會打燈，花紋透影在布藝上，能產生花紋疊加的效果。經過馬拉松式的手工縫製，我與助理已經非常疲倦，完成的時候連激動的感覺都沒有，

6）最後，製作孔雀女。我把她的形象設定成孔雀公主，靈感來源於泰姬陵的淒美故事。我想塑造一個莊重高貴的公主形象，如同神話般美麗，同時為了凸顯多層次而選用不同顏色的不織布與織帶黏合珠片，製成一片片的孔雀羽毛，有規律地縫製，成為孔雀裙，看起來顏色鮮豔也省下不少製作工夫。

朋友見我長久躲在家裡，擔心我的狀況，經常帶啤酒來探望。看到一屋子的亂象，乾脆也盤腳坐下，動手參與。好朋友「官純」來我家玩的時候也參與了製作，她也是中國很優秀的插畫師，在製作羽毛的過程，她也加入不少個人的見解，因此漂亮的孔雀羽毛有一部分其實是她幫我製作的。

 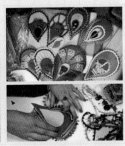

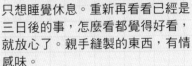

只想睡覺休息。重新再看看已經是三日後的事，怎麼看都覺得好看，就放心了。親手縫製的東西，有情感味。

10）最後在布簾的底和頂部都用縫紉機繡上織帶及棉球，終於完成。每匹布都很重，幾乎有10斤。藝術都是體力活，仔細看他們，就像三位各具性格和儀態的少女，神情讓人愉悅。但好像大多數的人都比較喜歡「象女」，大概是因為工藝最複雜的緣故吧。

 製作彩布上的動物園　　143

製作玻璃
膠片畫

　　考慮到展覽現場問題，我很想製造出一種透明的介質，光能透過去。在印度常會看到水塘或者河上的蓮花，嬌豔而美麗，在水裡泛起漣漪，色彩在水裡變化無常。我想把這種感覺表達出來。

　　關於玻璃畫與透明顏料：
　　一直都很喜歡嘗試新的顏料，對質感和顏色也要求很高。記得旅途上拍下的那麼多照片融合光影都是五光十色的風景，怎樣才能體現出那種光影透射的顏色呢？後來我找到了答案。透過使用玻璃顏料，繪畫在透明材質的玻璃膠片上，結合每個場地的燈光和感覺而製造出不同的顏色和氣氛。

1）為了更便於保存和運送，我選擇畫在最厚的透明玻璃膠片上。鋪在乾淨的地板，使用的是玻璃膠專用的顏料。顏色剛畫下去的時候是不透明的，曾以為自己買錯了，後來才知道需要很有耐心並且小心上色（注意不能沾到其他顏色），等一整晚才會慢慢乾掉並變成透明。我畫了很多象徵印度的蓮花和智慧眼睛，這都是在沒有起草圖的情況下完成的，全憑自己對印度的理解。

2）膠片擁有極好的透光效果。很容易就可以透過玻璃膠片做出彩色的光影感。在射燈照亮下會產生通透、迷幻的色彩，正好是我想要的效果。

 製作玻璃膠片畫　　145

首站：廣州
展覽：印度動物園
地點：GOELIA concept 225 概念大樓（廣州北京路 225 號）
日期：2010.4.30 ~ 5.30

　展覽前，我想把一直以來贊助我印度旅行及鼓勵我創作的品牌GOELIA，及其位於廣州的 GOELIA225 概念大樓介紹給大家。廣州GOELIA225 概念大樓也是「印度行李箱」展覽的首站，感謝他們一直以來對我創作上的支持和信任，才讓我能擁有足夠的空間去創作和實現我的想法。

　我是廣州人。好長一段時間，因為很多事，逃離廣州。逃離它的熟悉、逃離它的氣味、逃離它的氛圍、逃離這個曾經讓我成長、又愛又恨的地方。縱使原因過於複雜，但無論逃到哪裡，都逃不過種種記憶；包括兒時的、戀愛的、味道的、執迷的、他的、家人的。後來漸漸才明白到自己的根性始終在這裡，就不抗拒了，慢慢學會用另外一個角度去懷念。

　為什麼用「逃」來形容？大概是因為少了個接納點，雖然我始終相信離開是為了回來，但確實沒有很實在的事情可以讓我牽掛，所以寄情於畫紙上去懷念它，會更加美好和抽象。後來，有幸受邀在廣州北京路 225 號這棟老騎樓裡，用二十天畫了兩層樓高的大壁畫。那是一棟有六十多年歷史的騎樓，後來被 GOELIA 重新翻修，保留了民國時期嶺南騎樓的建築特色，改建成祕密花房及概念會所，並作為藝術展覽場地。之所以要費盡心思去營造這麼一座藝術騎樓，主要是因為老闆也是廣州人，希望保留廣州的傳統文化，和建立一個適合年輕人的展示平台，支持創作。

　記得大樓在正式開幕營運的當天早上，我滿身都是油漆，畫完最後一筆，陽光透過落地玻璃折射在畫作前，如同置身夢境，感動得想哭。那一幕應該是我見過最美好的光景，感覺我把我所懷念的、喜歡的、夢過的情感，用盡了力氣畫滿在這一面牆上。

　大概因為有了這棟騎樓，我對廣州所思念的一切，都變得真實並添上了顏色。

新舊空間混合體：
廣州 GOELIA225 概念大樓

　　GOELIA225 概念大樓，位於中國廣州北京路 225 號，是廣州市區最繁華的交界處。大樓本身為嶺南特色傳統建築——騎樓，建於 1948 年，極具歷史意義。大樓前身是照相館，樓主是現居美國的金山伯伯，年紀雖大，但是是一位風趣幽默的老先生，每次見面都想與我跳 ballroom dancing。

　　GOELIA225 概念大樓一共五層，每層面積大概 30 多坪。鋪花磚，樓梯及扶手保留原樓風格，石梯為水磨石米，並保留樓梯木扶手及鐵花。從一樓至五樓，經重新改建和維修後，既保留原有嶺南傳統建築特色，同時改建成不同的概念空間，是新與舊建築工藝相結合的大樓。

　　一樓是獨特的玻璃室內花園，內有我畫的兩層樓高的牆面藝術作品，做永久展示，種滿了植物和美好的園景設計。二樓花店，以世界各地進口的花朵為主，也銷售與大樓相關的本土設計的原創商品。三樓為展覽區，定期舉辦各種創意和藝術展覽與酒會，也是我準備要舉行展覽的空間。四樓保留大樓的原有建築和房間原有格局，分隔成大樓的歷史展覽空間及每期「GOELIA 世界巡遊」的主題房。我參與創作的印度主題概念房間就是在四樓展示，在長廊樓梯邊上也有五張我繪畫的廣州北京路歷史插畫做永久展示。五樓是朋友的咖啡店 Ben Shop Coffee，那裡有一個室外花園，可以飽覽整條被喻為騎樓街的北京路。

GOELIA 概念大樓內做永久展示的五張「北京路」系列作品。

永久保存在 GOELIA 225 概念大樓，一樓的室內陽光花房兩層高牆畫「繁花城」。

　　離自己的展覽開幕時間還有五天。我回到廣州，住在 GOELIA 225 概念大樓附近的旅館，以便布展。大概的展覽概念草圖是很必需的，由於之前已經跟 GOELIA 合作過很多次，彼此都明白大概想要的是什麼。因此，前期溝通很順利，剩下的就是實際執行。要使展覽進行得順利，而彼此都能配合，展覽概念草圖是妥善安排布展工作的關鍵。海報以及對外宣傳和媒體發布的事情，基本都是提前半個月以上完成的。按流程和宣傳角度來說，把握好宣傳時間的節奏也是展覽成功的關鍵。

　　其實展覽在剛開始時，叫「INDIA ZOO ／印度動物園」。靈感來源於同行去印度的伙伴攝影師 Madi，寫過關於印度動物園的事情。討論之下，感覺印度就像龐大的動物園，也覺得動物能給別人感覺更有趣和輕鬆好玩。所以之後就一直沿用這個名字，畢竟也是兩個人的展覽，得互相尊重意見。這個展覽除了有我的繪畫遊記、旅遊視頻、行李箱裝置、布藝藝術作品及印度攝影作品之外，也有 Madi 的攝影作品一起展示。

关于本次展览.及印度旅途.
想说的.想写的已经不多、大概
所有的情感都在记忆里形成
颜色.影响了我对某些事情
的感悟和感官。
所以我想以自己的方式尽可能
--记下.加于情感.加于回忆.

更多时候，我们一往无前。
并非因为勇敢，而是对未知的路
感到真实和兴奋。可以听到自己
的心里面的声音.并走下去。
这便是活着的意义。
2010.04.30
糖果猫猫

↑ 展覽序言。

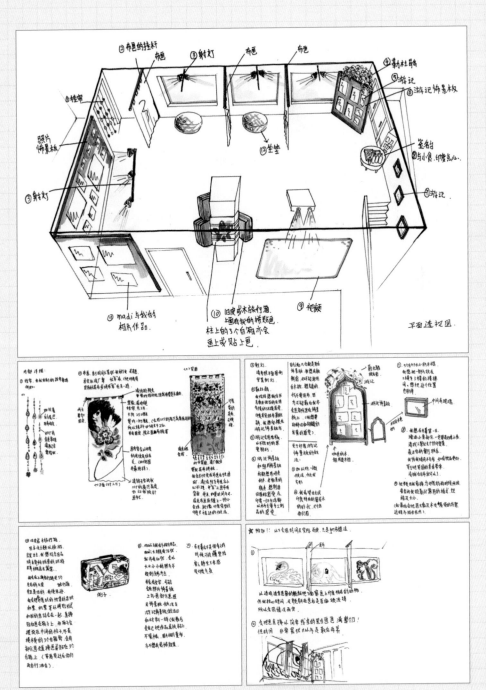

↑ 展覽概念草圖。

↑ 布藝藝術品。

值得一提的是，根據廣州展覽場地而特別打造的兩個布景。考慮到整體效果，我想要些質感更厚重的木頭穿插在展覽空間，能把整個場地的感覺串聯起來，更像一個整體，同時也想把顏色壓下去，我不希望白牆配起展品的時候顏色太花巧。在印度常看到質感厚重的木頭建築或者手製家具，所以我想製造一個有質感的空間，而不是單純的色彩鮮豔。因此，我預先訂作了一些原木做成畫框，然後製作其中一面的木圍牆作為照片牆，也是作為布景場。特意製作仿舊木的效果，加深木頭的顏色和質感，這樣我可以在不需要裝裱的情況下，把相片以一個我與 Madi 都喜歡的方式陳列起來。我們希望每張照片之間在陳列上也有所聯繫，就像一個冒險旅途裡的故事，故事裡的迷宮和線索都是相關聯的。

然後，用剩下的木料訂作了仿印度式的木拱門。我想製造一個野外感覺的布景板，把三棵預先準備的紫色勒杜鵑（九重葛）放在拱門背後，勒杜鵑除了在印度是較為常見的路邊花，其實也是廣州的市花。對我來說是充滿情感和城市回憶的花朵。

拱門上我放置了幾張繪畫大象的照片，與印度的遊記放在一起。我很想用這樣的方式跟大家分享，完全不嚴肅但又帶著濃厚的個人性格和色彩的展覽，可以讓人更容易體會和進入創作者的內心。

就在展覽開幕當晚，活動快要結束時，受到深圳的舉辦方邀請，同時也是我的好朋友。他們覺得對這個展覽的形式很感興趣，希望我可以把這個展搬到深圳最大的書城，並且能以新的形式為他們的創意空間帶來好玩的展覽。於是，隔日與贊助方 GOELIA 說明了巡展的意願，他們也很歡喜這個決定。而且，對他們宣傳新一季的環遊世界服裝概念，有著很正面的影響和幫助，同時亦能支持年輕藝術家。他們決定繼續贊助和支持我的部分旅費和布展費用，還建議在深圳展覽結束後直接把展覽搬到成都，因為成都也是 GOELIA 的重點市場。正在猶豫和考慮的時候，剛巧杭州的朋友聯繫我，希望把展覽也移師到杭州，而成都的創意空間他們熟悉，可以幫我做聯繫。

這是所謂的心靈法則嗎？原來想認真做好一件事情的時候，真的可以把想法一致的人吸引過來。這時候我才發現，原來旅程的結束並不是真正意義上的結束，而是另外一個冒險的新旅途的開始。

↑ 印度照片牆。　　　　　　　　　　　　　　　↑ 印度木拱門。

↑ 廣州印度動物園展覽海報。

展品的打包守則

　　既然要開始巡展，安全又妥善地保存好展品是必要的，也是最重要的事情。特別在快遞的時候容易擠壓，對箱子與布藝如果沒有特別注意保護的話會很麻煩。但單靠文字描述是不夠的，乾脆也手畫了一張打包守則，給每個巡展的地方。

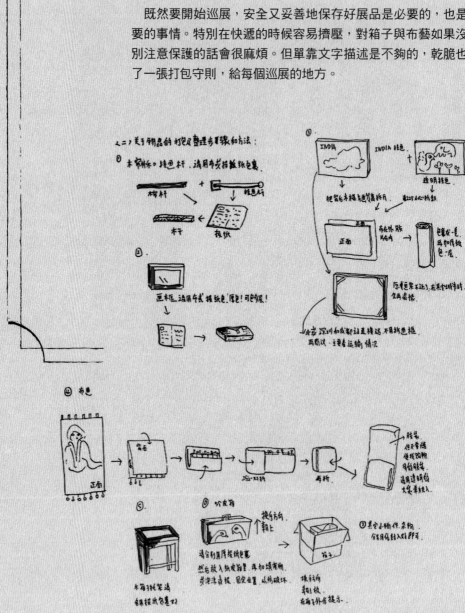

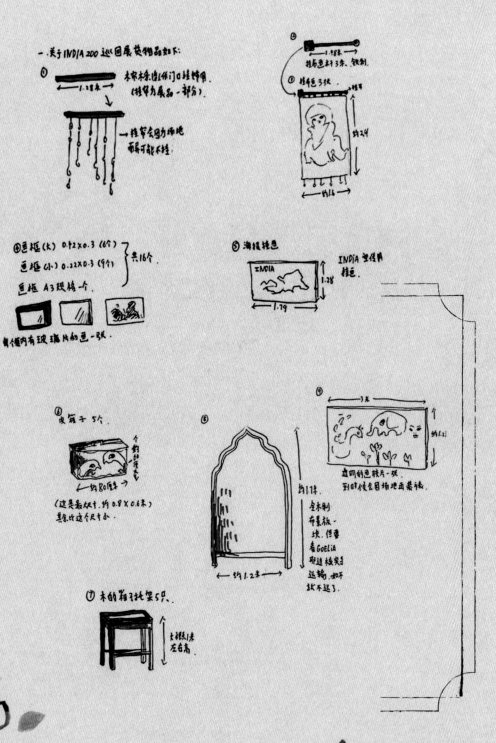

一. 关于INDIA 200 巡回展货物品如下：

① 木架木条1作门口挂饰用
（视甲为展品 - 部分）

→挂架会助力师地
酬料可能不挂

② 挂布色木3条，铁制.

③ 挂布色 3张

约24
约46

④ 画框(大) 0.12×0.3 (6个)
画框(小) 0.22×0.3 (9个) }共16个.
画框 A3 规格一个.

画框内有玻璃片的画一张.

⑤ 海报挂色

INDIA
INDIA 室佳用
挂色.

1.28
1.79

⑥ 皮箱子 5个.

约80厘米
约的长度

（这是最大了. 约 0.8×0.6米）
算以这个尺寸办.

⑦ 透明的色映片一张.
到时候会因墙地面装板.

约1.7米
全木制
布幕板 -
块. 但要
看 GOELIA
那边 核实写
运输. 如不
状不运了.

约1.2米

⑦ 木的箱子托架5只.

大概长1米
左右高

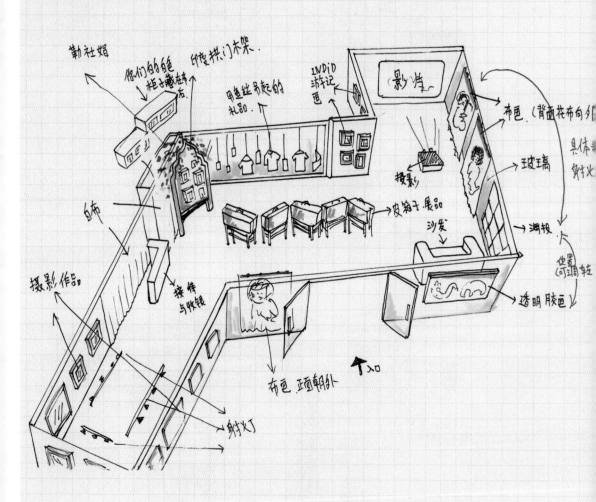

第二站：深圳
展覽：印度行李箱
地點：「CROSS+ 跨界」空間（深圳書城中心城二層）
日期：2010.6.25～7.11

第二站，在深圳圖書館內的創意空間舉行，幫我策展的是好友兼著名設計師黃立光和朱德才（他們屬於國內非常優秀的深圳平面設計協會成員）。

由於，我與 Madi 各自對藝術抱有不同看法和見解，所以到真正決定巡展的時候，我們沒有再一起合作巡展，從原來兩個人的展覽，變成了我的個展。基於版權原因，我把展覽改了名字「India Suitcase ／印度旅行箱」。

這次的布展，並沒有團隊，助理是我的兩個朋友，和一位住在深圳的好朋友小六來幫忙。因此，只有我們四個人布展，四個看起來都很 Man 的少女。

因為「Cross+ 跨界」是個新開發的空間，基本上什麼都沒有，連射燈也沒有。外面的玻璃還貼著膠帶，也意味著，如果我要把它布置成一個屬於印度氛圍的空間，將會是從零開始的事。

首要決定先改變白牆的顏色，於是請工人把其中的兩面牆塗成印度特有的玫瑰紅色。

離開展覽只有三天。小六其實是我在深圳最熟悉的朋友，但已經有很多年沒見面。布展實在太忙了，好像一見面就要讓她來當小工一樣，心裡實在不好意思。把牆塗完油漆，貼好照片，已經是第二日的深夜。

展覽場地深圳圖書中心城的二樓「CROSS+ 跨界」空間，位在深圳市中心，是人流集中地。開幕當日是完全的爆場了，參觀者多數是來深圳圖書中心城看圖書以及看熱鬧的家庭。當天還有很多特別穿著印度服飾的人來捧場，可惜人太多，我無法單獨與每個人好好交流。但我更喜歡偷偷在背後觀察觀眾的表情，看到他們在看到我的作品時流露出歡喜和好奇的眼神，我既緊張又興奮也很開心。

特別是對於小朋友，這個展覽是他們在思維認知上暫時無法完全理解的事物，顏色和造型都完全超出他們平時視覺範圍內的怪東西，對我來說是一個滿足感很大的惡作劇。我對他們那種感興趣，卻又不知道如何反應的狀態，尤其覺得真實和確切，透過他們的反應，我審視了自己的作品有沒有正確地傳達真正的意思。

我甚至覺得自己不只是在做藝術，而是透過特殊的方式傳遞和分享快樂、勇敢的信念。

衷心感謝與我一起瘋癲的黃立光和朱德才，以及陪伴我布展和成長的小六，是你們讓我在巡展的旅程上並不孤單。

我的布展四大法則

吸取上次布展和展覽的經驗教訓，總結出展覽的四大法則：

1）控制好光等於贏了一半。
適合的燈光可以掩蓋一切的漏洞和不完美。特意只刷了兩面玫瑰紅色牆，已經足夠把觀眾的視覺更集中，讓人置身於印度的氛圍中。加上牆上的繪圖，視覺上可以讓它成為投影視頻畫面的延伸部分。透過光影的折射、大面積色塊的牆、作品的顏色，以及投影視頻的光影，可以製造出夢幻的視覺效果和空間，這對藝術作品來說有著加分的效應。光的折射，結合作品原有的顏色，會有意想不到的半透明光感效果，讓顏色看起來更漂亮。這是我從布展裡學到的最重要一課。

2）控制好媒體等於省力一半。
無論是網路媒體還是線下媒體，絕對是吸引參觀人潮的好幫手。如果單靠媒體自發報導，而沒有提前形成良好的關係網，沒能增加讓市民知道的曝光機會，即使把展覽辦得再好也是白費力氣。

3）節約好成本等於保險增加了一半。
即使獲得贊助也有一筆預算經費，如果能省下成本就最好盡量省，因為永遠無法估計會出現什麼突發狀況需要去應付。例如租借投影機、租借燈光、音響、義務生的便當、開幕酒會的費用、大量的雙面膠帶和釘子等等，都是一開始就無法估計，但又會積少成多的項目。建議先估計一個大概耗損的後備費用，以省卻臨時需要找資金而奔波苦惱。

4）親力不親為等於留力一半、留精神一半。
很多事情其實不一定需要親力親為，因為即使是親力親為也未必比專業人員做得好。例如掛重物、塗牆和調整燈光都需要工人，清理打掃也讓工人來，掛畫讓助理或者幫手看好水平線才掛。要做一個領導者的角色，把任務分派下去，交給信任的人，自己做總指揮，免得事事親為。開幕前永遠有處理不完的細節和雜務，如果把自己累到精神快要崩潰，也無法好好與現場的觀眾做交流，以及有足夠精力應付突發狀況。

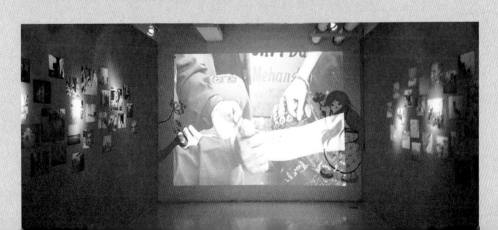

第三站：成都
展覽：印度行李箱
地點：成都 7788 空間（成都濱江東路 166 號銀唐國際會所三樓）
日期：2010.7.23～8.08

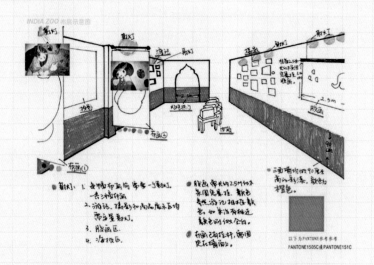

INDIA ZOO 木展示意图

　　由於在搬運過程中木拱門遭到了損壞，因此從成都站就少了木拱門做布景，我需要一樣新的裝置去襯托出印度的感覺和視覺。

　　突然想起在印度公路上，常常會看到掛滿彩燈的大篷車歌舞團，載歌載舞、呼呼嘯嘯地經過，總是熱鬧得讓人好奇想一窺究竟。

　　於是，乾脆請助理買了兩捆彩燈，就在展場正中心的牆上，用彩燈和帶鈎的釘子，牢掛成拱門的形狀，然後把用剩的織布和亮片，用熱熔膠黏固在牆畫上。亮燈後，才發覺與前面的布藝裝置巧妙地形成了奇特的多層次視覺效果。很多時候，能巧妙地利用光，好比是催化藝術氛圍的興奮劑。

　　這時我的繪本書籍《賣乜鵝》在香港書展首發，時間剛好相撞，簽售時間是成都的印度行李箱展覽開幕的前一天，因此無論如何我都必須從成都趕往香港。匆匆把布展細節和展覽草圖交代給助理 33 處理，便趕赴機場。

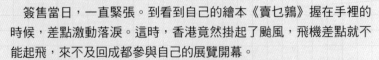

　　簽售當日，一直緊張。到看到自己的繪本《賣乜鵪》握在手裡的時候，差點激動落淚。這時，香港竟然掛起了颱風，飛機差點就不能起飛，來不及回成都參與自己的展覽開幕。

　　開幕當日來的人不多，因為正好是颱風天下著大暴雨，參觀人士主要是附近的居民和學生。第二日再去展場，發現都是一家大小來看——我的畫好像特別吸引小朋友。老奶奶和公公都戴著老花眼鏡，坐在椅子上看我的印度視頻，或許安靜的慢是成都這個城市特有的生活節奏。

　　特別感謝當時的助理 33，沒有她我也無法一個人完成所有的作品，尤其是成都站，感謝她幫我趕在展覽開幕前細心地布置。

　　只是，我的贊助費已經花光了。

站在左邊的是我，右邊的是當時助理 33。

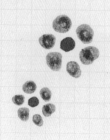

第四站：杭州
展覽：印度行李箱
地點：吉伽提東南亞家具藝術空間（杭州拱墅區登雲路與金華路交叉口）
日期：2010.8.20～9.05

第四站是杭州。曾經因為工作關係而在杭州生活過一段時間。杭州也是我覺得樹木最多、空氣最清新舒服的城市。在這裡,我認識了很多堅持獨立創作的藝術家和有才華的設計師。其中包括:中國知名的設計師陳飛波、攝影師張大鵬等,他們都是我的好朋友、前輩和學習對象。他們各自擁有自己的事業和專業領域,喜歡聚集一起做些好玩的事情。例如位於杭州絲聯的藝術空間,便是他們把舊蠶絲工廠改造而成,結合了這幾位朋友的工作室、家具展示空間、攝影棚和咖啡店等。除了合理地保留部分原有工廠車間結構外,還巧妙地保留了排風口的巨大排氣扇和機器作為空間分割的擋牆,正是舊工業和現代建築特色的混合。

每次回到杭州,這裡便是我最喜歡來的地方,除了看朋友,還喜歡偷偷爬上藝術空間的屋頂。屋頂由千塊瓦片組成,這次回到這裡辦展覽,第一件事就是從朋友的工作室爬上去,呆坐在屋頂上看白雲和曬太陽,在這裡看平地高樓和萬家燈火,好像這個煩囂城市與自己並沒有關係,都捨不得下來。

展覽的地方是吉伽提東南亞家具藝術空間,老闆是吳永鴻先生。他是我以前的同事,比我年長,後來成為好朋友,一直待我如妹妹。家具店主要經營從東南亞他親自搜羅回來的舊家具,並且把它改造成更貼近現代人生活需求的家具及生活用品。

物品在經過歲月的洗禮後,那些自然的生活痕跡總是充滿了細膩的情感,這是新家具從來無法比擬的地方。每件家具基本上都只有

一件，朋友也從來不刻意討好客人口味，只專注於家具的風格統一和簡潔、獨立性和手工質感。生意開始時，大家都笑他執著，生意成功後，大家都說他「犀利」。

這次沒有預先畫布展的草圖，一方面布展時間比較充裕，而且擁有之前幾次經驗，早就覺得對於布展時遇到的任何難題和突發情況，都可以輕易駕馭了；另一方面，展覽場地的氛圍本來就很適合，展品就像完全融入了這個空間一樣，形態很自然。除了再添置一些彩燈來增添氣氛之外，沒有任何需要改動或者調整的地方。但玻璃畫沒有適合展示的地方，乾脆就請師傅用電鑽在鋼橫梁上打洞放掛鉤，直接從天花板垂直掛起來。

這次，我還把自己曾經參與設計的產品，以及出版過的書籍都帶來，讓大家方便參觀完後買來做紀念。

展覽開幕當日來的都是好朋友，像是我的前公司 JASONWOOD（杭州服飾品牌）的老大和同事，還有我很尊敬的設計師好友，也有些是從上海特意趕來的姐妹，例如插畫師官純和蛋糕師 PAOPAO，雖然平時都忙得沒有時間見面，卻總在我開展覽的時候從不遲到，千里迢迢到來表示支持，讓我很驚喜和感動。最讓我感慨的是，即使當時我已經離開了杭州到上海生活，卻依然能感覺到無處不在的濃厚人情味。

後來，好朋友兼音樂藝術家李劍鴻，特意為我調製了一杯雞尾酒，一杯就把我喝掛了。沒有什麼比與朋友相聚和享受美酒更重要，就讓我任性一次，喝成醉貓吧。

第五站：北京
展覽：印度行李箱
地點：北京青公館（北京市東城區安定門內大街）
日期：2010.9.17～10.03

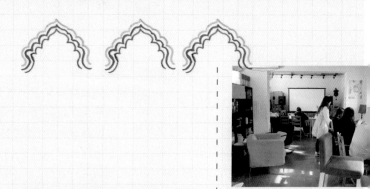

　　對於北京，我一點也不陌生。曾經有一段很長的時間在這裡生活、學習、戀愛和設想過將來的人生。但人生不可能一路順暢如意，更多時候會因為自己的選擇而影響到後面的決定。在北京定居到後來離開，主要還是覺得自己在這個城市的狀態不太好，也不太適合，無論從發展和生存空間來說，對於一個南方出生，以及喜歡交流國際文化的人來說，定居住在上海會更感舒適。

　　北京青公館，是一個非常有趣的地方，同時也是一個青年文化空間。這裡有無盡的正能量，由熱中於探索、研究青年文化與發展的團隊「青年志」所創立。它位處於北京老胡同內的四合院，擁有老北京傳統的建築特色。兩層高的樓頂還有陽光玻璃房，我的旅記畫作及視頻，就是在陽光玻璃房裡展出（青公館原址已變更，現在已經搬遷到更大的院子，想要瞭解更多，可以上這個網站：www.chinayouthology.com/en/）。他們相信人類的消費習慣、思想行為一切都有數據可以統計和分析。同時，他們都樂於鼓勵和支持年輕

的藝術家做各種藝術活動。

　　北京站的展覽，其實更多是像一場分享的活動。我只運送了部分的展品到北京，更多是旅記的展示、行李皮箱裝置，和整個巡迴展覽的策畫和製作，還有參展過程的視頻 —— 就像給之前的巡展做一個總結和分享新的展覽形式。其實，一方面是場地空間很小，二方面是他們也建議我與其在這麼小的地方舉行展覽，倒不如弄一個分享會更有趣。後來我接受了這個建議，便動手開始整理之前的資料，和剪輯製作過程的視頻。

　　青公館裡面有我熟悉的朋友，她們給予我很多的支持、建議和自由度去完成這個分享性質的展覽。特別是 Summer 和青年志的創始人 Zafka，從中協助了很多，也是他們提出邀請，印度行李箱巡迴展才可能在北京站展出。

　　分享會開幕當日，來參觀的竟然都是畫家，交流起來自然很歡快。後來青年志的朋友告訴我，這個展覽其實有很多生活在胡同裡的北京老奶奶來看。其中一個還給我寫了書法的留言，但不是來參觀的時候當場留下的，而是隔了一天，她親自把一張寫滿毛筆字的宣紙拿來，並交代一定要轉交給我。收到的時候已經是展覽快要結束了，字體很工整，像詩，但沒有地址我也無法跟她道謝。內容大概是，她一輩子都沒有走出過中國，由於我的展覽而讓她看到了世界上原來有著完全不一樣的色彩，所以覺得很感激。

　　其實，更應該感激的人是我。透過觀眾的眼睛，我更能了解到，自己所創作的藝術作品到底帶來了什麼，或者可以帶來些什麼。

　　正當我以為北京已經是印度行李箱巡迴展的最後一站的時候，一天，當我打開郵件，卻收到一封來自廈門的信，標題寫著「一封遲來的邀請信」。廈門某個場地單位希望邀請我在廈門辦展覽。

　　這個時候，我第一次感覺猶豫了。

如印度少女将要华丽登台亮相于拱门内

第六站：廈門
展覽：印度行李箱
地點：三館聯展（廈門華新路）
1 館：花現沙茶麵／2 館：純真博物館／3 館：Morning Call 紅茶館
日期：2010.12.03～12.31

India Suitcase

印度行李箱三個展館的展覽印章。

　廈門，位於中國最接近台灣的城市。廈門人的生活習慣、飲食習慣以及說話方式都與台灣人很接近。我很喜歡廈門和廈門的朋友，處處讓人感覺細膩和溫暖。

　但巡展的事情，我差不多猶豫了一周，才回覆廈門場地單位的Email。因為一路以來的巡展，其實也並不完全順利，例如：贊助費已經用完、展覽品的損壞、自己的書在香港首發後需要去簽售和宣傳，而過於奔波沒有足夠的休息時間，還有新的項目開展等等，一切都使人很疲倦。而且，從南到北已經做了一圈，我也覺得差不多了，難道現在要再折回廈門？再來，我對廈門的場地並不熟悉，萬一出了問題就很難控制……所以巡展真的有必要再多加一站嗎？

　剛好與廈門的朋友聊起，我可能把巡展也搬到廈門辦，他們都很贊成，原來沿路的巡展他們都有在關注，也很希望看到展品的實物。對於他人的興趣，我不知道可以為別人做些什麼，但我很清楚自己可以分享些什麼，如果分享出來的也是別人所希望看到的，何樂而不為？於是，我給廈門場地的聯繫人阿卷，詳細說了這歷時半年來巡展的想法和顧慮。意想不到的是，他們對我的顧慮和想法都表示理解和支持。

↑ 主要展館的蓋印章處。

隔日，他們給我一個展出方案。展覽在廈門的老洋房別墅區，三個不同地方的展館裡同時進行，每一個展館都會根據展品而做出不同的布置和陳列。類似尋寶遊戲一樣，在主要的展館可以領取到一張明信片，每參觀完一個展館就可以蓋一個由我設計的印度旅行箱印章。同時，他們也提供團隊以及贊助費用，讓我可以不用再自己操心布展，同時也不再需要擔心旅費。

　　最終，我還是被他們的誠意所打動，但說實話，這是我第一次完全把策畫以及布展的事宜交託他人進行，所以始終感到很忐忑不安。

　　廈門的印度行李箱，三館聯展都在華新路附近，這是廈門有名的老洋房集中區域。三館分別為：咖啡館、紅酒館和新概念的沙茶麵店。之所以如此大膽在完全不一樣的地方展覽，皆因場地的老闆楊函幬先生，他自稱是外星人，所以必須為人類做些奇怪的事情。其實他是位超級舊物的收藏家，擁有巨大的舊物倉庫。平時最大的興趣就是改造房子，把老洋房收回來，在不改動原來格局的情況下維修和改造，新舊結合之下，就成了廈門的特色文藝空間。

　　展覽不用自己布展，只要總指揮一下就可以了，突然有種如釋重負的感覺。但又覺得完全不做點什麼好像不好玩，便提出不如開幕的時候自己做點心，剛好咖啡館裡有廚房，也有足夠的食材。

　　開幕當晚是在咖啡館，也是主要的展館裡舉行。除了有總結巡迴展覽的講座分享外，還有巡展時候的視頻。來參觀的人把空間都坐滿了，我坐在最前面，用了麥克風，但是坐在後面的人還是聽不太清楚。等到食物快被吃光時，我才告訴他們，點心其實是我親手做的，大家都很驚訝，說很好吃！其實我覺得讓他們更感驚訝的，應該是我為何會親自動手做吧。

　　第二展館是由百年別墅改造成的紅酒館，據說原來的屋主是東南亞人，留下了不少物品和家族照片，把這些物品重新組合整理後，

就成了紅酒館的裝修風格。我把五個行李箱和其中一幅印度布藝畫放置在門廳的位置，讓人參觀。從整體建築和顏色配搭上來看，空間和展品完全和諧融合。

最可惜的是，我對紅酒過敏，始終沒有品嘗到那些珍藏的紅酒。

沙茶麵！我最愛的沙茶麵館，也是三館聯展的最後一個展館。

由於場地建築構造的關係，想到直接把玻璃畫裝裱在牆上，當陽光折射進來時會造成奇特的透影效果。而牆的正中心，把印度行李箱海報畫放大做成壁紙，配合燈光後，就像進入了印度行李箱的世界裡吃沙茶麵。

離開的時候，我感到有一點失落，這才意識到，原來真的到了巡展的最後一站了。

後記

　　回想在巡展期間，遇到很多新朋友和久未見面的好朋友，還有來看這個展覽的觀眾，他們給了很多善意的幫助和意見，好像還沒來得及好好道謝。收集了各城市觀眾給我的留言冊一共有五本，都成為日後鼓勵我創作的動力。

　　也有些傷感，因為沿途走過很多歪路，並非處處都順利。寫此書時，私人恩怨和細節、艱辛當然也不可能一一詳述。也曾因為自己的任性和藝術思維和別人不同，而讓很多人不贊同，這些還沒能來得及處理，便要忙於下一個展覽。後來也覺得事情既然都已經過去了，也不做解釋了。可是當時我真的希望，可以稍微停下來，重新思考、重新出發，而不是老再用同一個形式、載體或藝術形式。

　　一來，我要面對婚姻問題。畢竟也到了適婚年齡，而我與當時的法國男友也已經訂婚了，我是不是該去考慮人生的另外一個階段。

　　二來，那個時候正好我在思考，到底怎樣的藝術才是自己想繼續做的，還是不做。

　　好像一般的藝術家都會以光鮮的架式，在浩浩蕩蕩的上檔次的畫廊做展出，這才能稱為藝術作品。

　　而我偏偏選擇鋌而走險，只想執著於表達和分享自己真實的想法。這樣會讓我在藝術路上走得累而冒險。但為什麼做好的藝術必須要跟隨主流呢？

從來我都是性格叛逆的人。當時，很不明白為什麼在中國，當代的藝術發展永遠就是學院派為主流，而缺乏更為年輕有力且真實的聲音。後來才發現，沒有什麼主流和非主流，自己也可以創出一番道理和天地。這個領域或許並不是大眾的，也或許不是最容易被接受的，但我卻能腳踏實地，因為每一步都是我自己盲摸走過來的。

　　但其實，事情並沒有就這樣結束。

　　在 2011 年，我憑著印度行李箱的作品以及 Letters Girls 的字體設計，榮獲由香港《PERSPECTIVE 透視》雜誌評選的全亞洲 2011 年度「40 Under 40」（四十設計驕子）的 New Media 獎項 。

　　當時我還沒有意識到原來我所做的裝置，其實就是新媒體創作藝術。我只覺得奇怪，為什麼身為插畫師的自己，獲得的竟然是新媒體獎而不是插畫獎。當然，證書我都拿回家了，不可能折回頭問評審大會原因。後來才知道，大概是因為當時在國內其實很少藝術家會把作品用完全不同的材質去做結合和創作，即使有，可能都是單一的作品，而不是以整個系列的作品去呈現；再來我的題材很新鮮，所以大家對印度行李箱巡迴展的作品覺得新鮮和印象深刻。

　　這更肯定了我日後的創作風格和藝術形式。我實在太喜歡手工製作的質感了，也喜歡光影帶來的質感，哪怕是小小的 LED 都可以改變一件作品的表達氛圍。為何不把它們加以利用和結合在一起呢？後來，隨著越來越多不同材質結合繪畫的作品出現了，大家好像慢慢地接受了我這種喜歡「玩」新媒體的方式了。

　　當然，這種做法有好也有不好，因為這對於藝術家的作品其印象和表識，欠缺單一鮮明的主題，很容易因為在「玩」新媒體藝術作品的過程中，失掉了讓觀眾觀賞與理解的集中力。

　　但其實，我筆下的小女孩，就是始終不變的主線，無論她的形象是 Q 版的，還是各種古靈精怪的造型，她的核心，就是我。她其實就是我。

　　前陣子一個人又繼續在路上，途經台灣，有幸認識和遇到現在的好朋友陸蓉之女士。她是我很尊敬的前輩，同時也是台灣著名的女策展人。她是一位非常善良而大方的前輩，從不「孤寒」（吝嗇）說喜歡我的作品並把我介紹給別人，還把我的作品推薦給台灣大塊

文化的郝明義先生。

　　有一次，參加陸蓉之女士做主持的大陸電視節目《翻箱底》，她希望我拿出自己認為最喜歡的作品展示。我選擇的就是那三塊為「印度行李箱」所創作的布藝掛畫。後來，電視節目播出後，收到很多留言。原來，印度行李箱巡展一直都被大家所記住和討論。沒想到幾年後的今天，能藉著本書的出版，又再舊事重提。

　　這也源於後來與郝明義先生在北京的會面。套用陸蓉之女士的話說：郝先生是一位「好」先生，這也是我對他的第一印象。郝先生對我這位後輩非常有耐心和照顧，也很坦白說出我當時無論是在繪畫風格上，還是藝術作品上的一些問題，好比明燈。有時，長時間的自由職業生涯和自我創作很容易會讓自己鑽牛角尖，其中有一點郝先生提醒了我：色彩豐富和風格多變，是我的優點也是缺點。

　　我給郝先生看了幾本我在香港及大陸出版的繪本，還有一部分印度的旅記和照片。他提議，不如把印度旅行的遊記，還有巡展的策畫和過程寫下來，以一個藝術家的角度，寫一本關於印度旅途以及其後相關的藝術創作過程的書。應該會很有趣。我當然是願意，就好像這段旅途從未停止過，每一次都會給我驚喜，並以新的形態重新開始。當然我也希望，這本書會成為你去旅行時放在行李箱攜帶上路的書。

　　同年，我放棄了戀愛關係，與法國的未婚夫結束了長達五年的愛情長跑，成為朋友。因為，我清楚地感覺到，在這萬千的世界裡，我還是想到處多跑跑多看看，而不想就此停留。想想這幾年，無論是從個人藝術營運，還是商業價值以及商業合作的角度去看，印度之旅和六個城市的印度行李箱巡迴展，確實啟發了我，讓我學習、摸索到不少自我營運的方法。而在印度旅途裡，所體驗到的一切都讓我沉潛下來，從心思考人生問題和把浮躁的心態壓到了最低。尤其在瓦拉納西的路程，看到生死的循環，和太陽從恆河升起的瞬間，我覺得自己是 not anyone、no body and can be anybody。

　　這段旅程，讓我思考出道理，沒必要因為社會的現實而改變自己的思想或者做出妥協，或為了顧慮他人感受而讓自己不快樂。乃至如何從自身開始製造快樂，拒絕跟隨他人思想所影響，而嘗試發出自己的聲音。生命是短暫的，最重要的是要快活。

　　策畫自己的展覽，可以清楚和明顯地從策展人和參展人的角度去看問題、看預算，這對日後的統籌工作很有幫助。以前作為藝術家，我總會有些任性，但現在學會了更懂得尊重他人和考慮他人的角度。有了標準，也更清楚地了解到自己的能力範圍可以創作些什麼，帶給別人體驗的又是什麼。

　　前段時間，我在上海擁有了一個很大的空間，是我與兩個設計師好友一起創立的店 AMONG（但基於私人原因，現在我退出了）。裡面分成咖啡店、設計品店和畫廊的部分。每個月都會定期舉行大小展覽和活動。我會選我喜歡的，同時亦盡量顧及形式的多樣化，以及幫助一些沒有機會展示自己作品的藝術家策展，在我們店裡做展覽。透過幫助他人，同時也能把之前學到的統籌技能發揮出來，等於多開創了一條途徑，也便利了他人。我一直有一種很強烈的使命感，希望建立一個平台，可以給一些優秀的、但沒有門路的藝術家一個展示自己的機會，而不需要靠關係或者靠贊助。當我在做印度行李箱的時候，如果有人可以像我現在幫助別人，給我策畫或者給我意見，這個巡展可能就不會走了那麼多迂迴的彎路。但話說回來，也可能不會成為日後鞭策我努力的源泉。

　　至今，我仍然覺得那是一種奇妙的蝴蝶效應，就像一切的事情都互有關聯、事出有因。從印度旅行，到涉及至今的種種際遇和奇遇，我仍無法完全理解和解釋。

　　唯一肯定的是，無論是以什麼形態，我希望自己的作品一直都在路上。

　　正如我的展覽序言所說：「更多時候，我們一往無前。並非因為勇敢，而是對未知的路感到真實和興奮。可以聽到自己心裡面的聲音，並走下去。這便是活著的意義。」

國家圖書館出版品預行編目 (CIP)資料

印度行李箱：1頭大象、2本旅行筆記、4個城市、6個展覽：Popil的反芻創作 /
糖果貓貓繪 .著 . -- 初版 . --
臺北市：網路與書出版：大塊文化發行, 2014.1
184面 ; 17X23公分 . -- (For2 ; 22)
ISBN 978-986-6841-50-7(平裝)

 1.遊記   2.印度

737.19   102022768

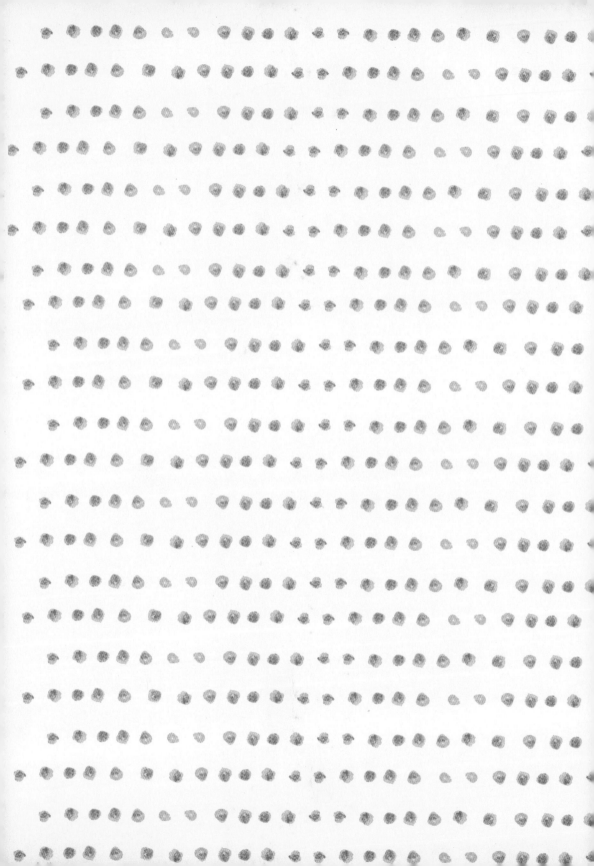